◉青年・成人期の発達保障

一人ひとりが人生の主人公

白石恵理子

全障研出版部

はじめに——電車に揺られて

滋賀県の大津に住んで一五年になります。一五年の間に、高いマンションがずいぶんと増えました。大きな映画館やショッピングセンターもできました。私自身も三回、職場が変わりました。でも、変わらない風景もあります。琵琶湖の南岸をゆっくりと走る京阪石坂線。春、桜で染まる石山寺と、秋、紅葉に彩られた石積みの美しい坂本とを結んで走ります。車に乗れない私にとっては、大切な足になっています。

毎朝、たくさんの中学生・高校生がにぎやかに乗り込みます。職場に向かう人たちも満員状態で揺られます。その喧噪が少しおさまる頃、障害をもつ仲間たちも、それぞれの表情で乗り込んできます。

Sさんは、作業所でさをり織りや陶芸をしています。電車の中では、いつもちょっと気難しい顔をして何やら考えているようです。「おはよう」と声をかけると、満面の笑みを浮かべます。身体も大きく、ちょっと「こわい」印象を与えてしまう彼ですが、作業所を訪れる人に、自分の好きな車の名前を書いてほしいと思っています。書いてもらえると、

「あの人はいい人やなあ」と感慨深げに言います。

ダウン症のKさんは、大学生協の食堂で働いています。駅を降りると、駅員さんから「Kくん、今日もがんばりや」と声をかけられます。食堂では、ときどき学生の置いた食器の並べ方に怒りながらも、汗を流して働いた後に食事をするときの顔は本当に満足そうです。

養護学校から職場実習に通う生徒たちも乗り込みます。鞄の中から紙を出して、降りる駅と時間を何回も確かめている生徒もいます。


夕方、駅で時々、A子さんに会います。福祉センターのメンテナンスの仕事をしています。ときには、他の仲間の家族が入院したことを本当に心配そうに話し、ときには、新しく買った口紅の話をうれしそうにしてくれます。しばらく立ち話をして、さいごに必ず「また、きてや」と声をかけてくれます。

自閉症のNくんのお母さんにも電車の中で会いました。高等部時代は、家でお母さんにつかみかかることもあったのですが、「作業所に行きはじめて、ほんまに楽になったわ。まあ、ときどきイライラすることはあるようやけど、自分で何とかしとるみたい。おとなになったんかなあ」とお母さんは言います。

作業所からグループホームに帰るYさん。難しそうな顔をしています。作業所の職員によると、「〇〇スーパーでは六時をすぎると値引き販売をするから、そこで買い物をしたいと言う。でも、ちょっと遠くて交通費がかかるから、少し高くても近くの店の方がいいと説明したら、気にいらなかったみたい」とのこと。「でも、自分の生活を自分で考えようとしているんですよね」と職員は言います。

それぞれの思いや暮らしをのせて、電車はゆっくりと走ります。

二〇〇一年四月から一年間『みんなのねがい』に連載した「青年・成人期発達講座　一人ひとりが人生の主人公」に加筆して、この本にまとめました。青年・成人期にある知的障害をもつ人の生活を照らし出しつつ、発達について考えたいというのが、連載にのぞむときの私の思いとしてありました。地域に暮らし、地域に働くということは、けっして派手なことではありません。何をねがい、何に心を動かし、何に悩んでいるのか、少しでも考えていくことができればと思います。

二〇〇二年七月

白石恵理子

一人ひとりが人生の主人公 ●●● もくじ

1 生活をとおして発達を考える

ある生活施設での出会い

私と知的障害をもつ成人の方たちとの出会いは、滋賀県にあるあざみ寮・もみじ寮からはじまります。

大学のゼミで訪れた私たちに、「絵、かいてるよ、絵」と言って、今にも笑いだしそうなまあるい目とまあるい顔の人物が描かれた生命力にあふれた絵をプレゼントしてくださったハルオさん。ことばは話さないけれど、身振り手振りで一生懸命何かを伝えようとしてくださったタキオさん。こざっぱりと片づけられた居室に案内してくれ、「ここにね、服が入っているの」などとロッカーのひきだしの一つひとつに何が入っているのかをていねいに説明してくださったカズエさん。

「施設」に何かしら暗いイメージをもっていた私の観念をくずしただけでなく、一人ひとりが語りたい生活をもっていることに強く心を動かされたのが、つい昨日のことのようです。そして今、はたして私には人に伝えたい中身のある生活をしているのだろうかと考えてしまいます。

当時の私は、発達や障害について学びはじめたばかりでした。乳幼児健診や保育所などで就学前の小さい子どもたちと接することが多かったのですが、成人施設等でのおとなの方たちとの出会いは、発達と障害に加え、生活というものを考えさせてくれる大きな契機となりました。

ハルオさんの絵から

ハルオさんの絵に描かれる人物は四歳児が描く絵に似ています。顔が大きく、胴体は小さく、手や足も丸で描かれています。画面左上の大きな丸は「太陽」、右上の四角いものは「ネコバス」とのことでした。一つひとつの絵に意味的なつながりがあるのかどうかは不明で、この点でも四歳児がよく描く「カタログ」的な描画の特徴をもっています。とてもインパクトの強い絵でしたが、そのときの私は、こうした「発達的特徴」は見えるけれど、強いインパクトはどこからくるのかを見つめるまなざしはもっていませんでした。

その後、職員の話や田中昌人氏の論文から、ハルオさんの絵の背景について学ぶことが

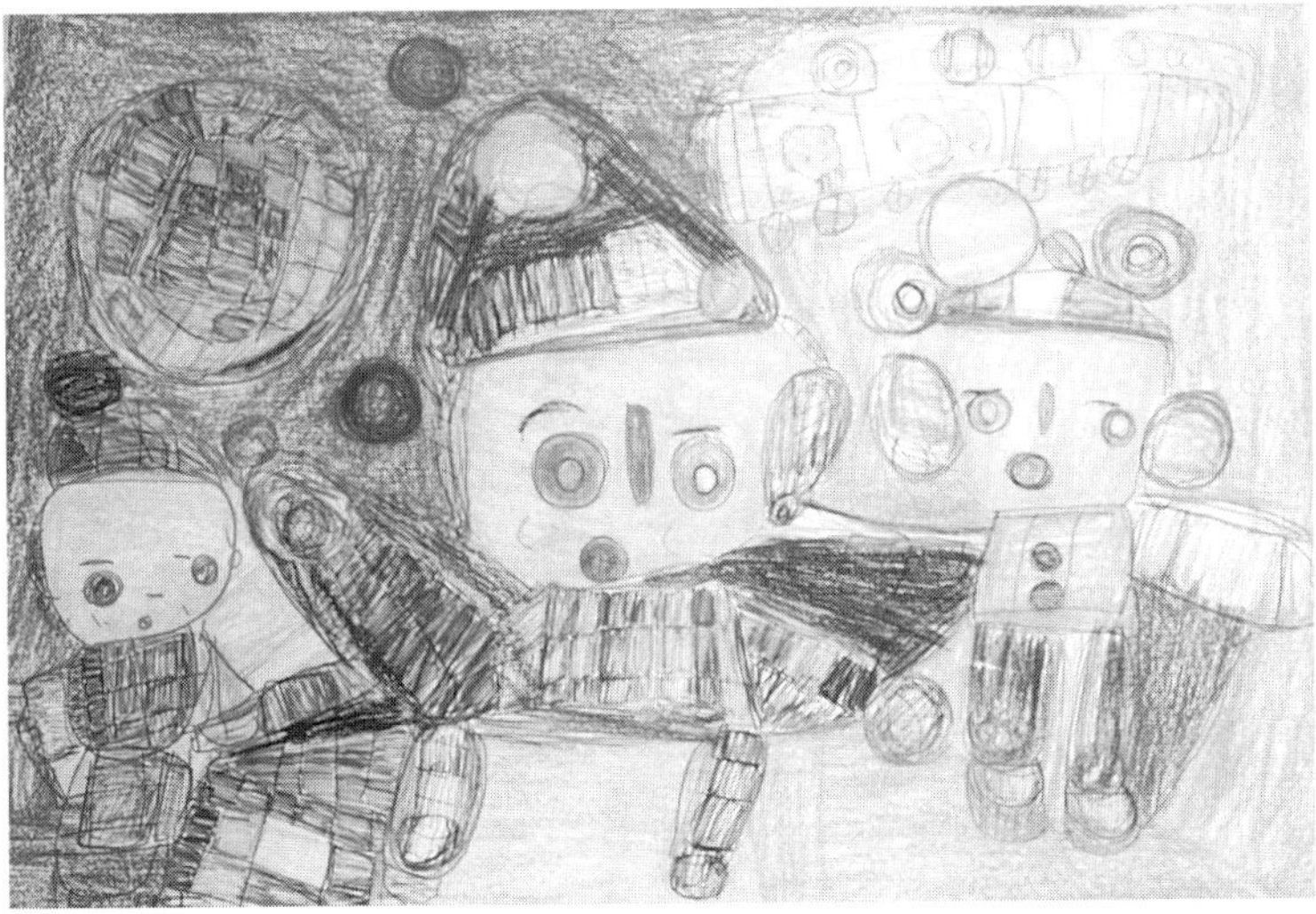
ハルオさんの絵

できました。若いころのハルオさんは、意欲はあるけれど何かにつまずいたときに気持ちが切れやすく、すぐに大きな声で怒鳴ったり、やりかけの仕事を放り出してしまうようなことが多かったようです。ことばだけで自分の思いを語ることが難しいことが、こうした姿につながっていたようです。しかし、絵を描くようになって、「プッツンしやすい」姿はずいぶんと少なくなってきたとのことでした。ハルオさんは、施設を訪れる人にプレゼントしたり、旅行で行く旅館の人にお土産にしたいからと数日前から絵を描きためたりと、絵で新しい人間関係を広げ、期待に彩られた生活を編んでいくための横糸にしていることを知りました。そして、話すことの苦手なハルオさんは、絵を描くことによって自分と対話をし、三〇歳をすぎてから自分をつくりかえていったのだと思います。

そこには、四歳児にはけっして見られない生活があります。ただ描きたいから描くのではなく、誰かにほめられたいから描くのでもありません。ハルオさんが描いた絵そのものの魅力よりも、絵を描くことも含みこんだ生活のありようについて考えたいと思うようになりました。

♠発達、障害、生活をまるごととらえる

学校であれ、作業所であれ、生活施設であれ、障害をもつ人たちを援助する仕事をする場合、一人ひとりの発達・障害・生活をていねいに、そしてまるごと理解することの大切さが言われます。発達、障害、生活……それぞれの内容やとらえ方については、これまでにずいぶんと明らかになってきました。しかし、これらがどう結びついていくのか、それが一人ひとりの生き様や人格にどうあらわれていくのかについては、まだまだ明らかになっていないように思います。私自身もこのことについて、十分に語ることばをもっていませんが、本書では、「生活」という側面をできるだけ照らし出しながら、「生活」をとおして「発達」を考えるということをしていきたいと考えています。

もう一つの例を紹介したいと思います。

大津市にある作業所で働くケイコさんは六六歳。現在は、グループホームから作業所に通っています。軽い知的障害をもつケイコさんは、若いころから「働く」ことが何よりも大切な価値観とされるなかで育ってきました。この世代の方は、障害のあるなしにかかわらず、家庭の中でも社会的にも「働かざる者、喰うべからず」があたりまえの世界で生きてきています。知的障害をもつケイコさんは十分な学校教育も受けられず、「勉強はできんでも、せめて家の中のことぐらいちゃんとしろ」と言われることもあったようです。ケイコさんは、作業所ではもちろんのこと、グループホームでも朝から掃除、茶碗洗いと働き者です。そして、他の仲間が、洗濯がおわるまで洗濯機の中をのぞいていたりするのが許せずイライラを募らせてしまうこともしばしば。しかし、加齢にともなって体力が少しずつおちてきているのも事実です。無理をするとどうしても後にひびくようになりました。

職員やグループホームのキーパーとしては、せめて休日は、日中、少しでも身体を横たえて休むことを提起してきました。けれども、ケイコさんが自分の「老い」を受け入れることは容易ではありません。休むことは、若いときからつちかってきた生活観、生活の中での価値観をくずすことであり、それはこれまでの自分を否定することでもあるからです。

「無理をすると大変だよ」「休んだ方がいいよ」と言われると、ますますかたくなに身体を動かそうとするケイコさん。しかし、部屋にホットカーペットを敷いて「電気入れといたよ」とキーパーさんが言うと、その上でほっこりと休むようになったそうです。「昼間から布団を敷いて寝るのは許せない」という思いがケイコさんの中にあったのでしょう。そして、ケイコさんのそうした思いに寄り添いながら「電気入れといたよ」とさりげなく言う、キーパーさんの心配りと生活実感に頭のさがる思いがしました。

♣生活を照らし出しつつ発達を考える

生活を照らし出しながら発達について考えていくのが本書での私なりの課題です。同じ障害、同じ発達段階であっても、一人ひとりはきわめて個性的です。五歳の子には五年間の歴史があり、三〇歳の人には三〇年の、七〇歳の人には七〇年のかけがえのない歴史があります。ケイコさんの六六年の歴史をすべて明らかにすることはできませんが、「働かざる者、喰うべからず」は彼女が自分の人格をつくりあげていくうえでの大きな価値観であったことは想像に難くありません。

人がいっしょに生活をすると、お互いの生活感覚や価値観のちがいにとまどうことが少なからずあります。我が家でも、食事中にお茶を飲む私と、食後にしかお茶を飲まない夫の「ズレ」が何となく小さな違和感として感じられるようなことがよくありました。その「ズレ」は、自分と相手のそれぞれの生いたちにまなざしを向けることにつながりました。

しかし認識的には七歳ころの力をもっているケイコさんにとって、自分の価値観をつくりかえることは大変なことです。具体的な生活技術や生活感覚のレベルだけではなく、漠然とながら「こういう生活のあり方がおとなの生活だ」「こんなのはなまけものだ」といった価値観のレベルでも生活をとらえています。かといって、自分の価値観と相手の価値観を対比的にとらえたうえで、相手の立場を理解して自分の価値観もさらにつくりかえていくのは難しいのです。それが、グループホームという共同生活でのケイコさんの葛藤、そして「老い」を受け入れて新しい生活をつくりだしていくところでの葛藤を生み出しているようです。その葛藤に共感することが援助者には求められます。

環境としての生活様式や生活の価値観がそのまま人をつくっていくわけではありません。人間は、環境や教育によって受動的につくられていく存在ではないからです。人は環境を食べながら自分をつくっていくのであり、発達段階で表現されるような内的力量は、この「食べ方」のちがいとなってあらわれてきます。障害が重いと言われる人であっても、けっして周囲からの働きかけや外界からの刺激にただ反応しているだけではありません。自分でおいしいと思うものを選び取り、味わって、「おいしいね」と共感し合おうとしているのだと考えます。だからこそ、単に刺激のある生活をあたえるのではなく、本人にとって食べておいしいと思えるような生活をいっしょにつくっていく必要があるのでしょう。

障害をもって成人期を生きている人たちを理解するにあたって、障害と発達、生活を足して3で割ればいいのではなく、どんな生いたちの中で、何を「食べ」てきたのか、そして、今の世界にどのように向き合おうとしているのかを、ていねいに考えていきたいと思います。

＊　＊　＊

次章からは、ライフサイクルを見通すということ、青年期の自我のこと、自立のこと、労働と発達のこと、生活のこと、加齢のこと等々をとりあげていきます。これまで、作業所や施設等で出会ってきた多くの仲間たち、それぞれの現場で試行錯誤しながらつくられてきている職員の実践に学びながら書いていこうと思います。

2 思春期から青年・成人期へ

思春期から青年期へ

障害をもっている場合も、第二次性徴は必ず訪れます。この第二次性徴からの身体的変化、すなわち身体がおとなになっていくことと、心理的におとなになっていくこと、社会的におとなとして認められることとの間には大きなズレがあります。このズレがひきおこすさまざまな混乱や葛藤が、人間に固有の思春期を個性的に彩っていきます。

思春期に訪れる身体の変化は、自分自身を意識させ、自分の内面に向かう契機となります。しかし、知的障害児や自閉症児においては、自らの新しい身体図式を獲得すること自体が苦手だったりします。もともと外界の変化に対する抵抗を強く感じ心理的不安をもつことが多い自閉性障害児にとっては、自分自身の身体が急に変化するのは大変なことです。性器や肛門に固執したり、喉仏がきっかけだったのか、鏡で口の中をのぞいてはのどちんこを取ろうとするようになった仲間もいました。また、生理痛がつらくても、ことばでうまく表現できない仲間もいます。生理の前に必ず不安定になって、自傷・他傷が強まる仲間がいましたが、お母さん自身は生理痛や排卵痛があまりつらくなく、娘のしんどさが十分に理解できなかったそうです。しかし、お母さんの義妹、本人にとっては叔母にあたる人から、「生理の一〇日前になると、もう死んでもいいと思うぐらい痛くなる」というのを聞いて、娘も同じ体質なんだとはじめて気づいたそうです。誰だってそうですが、自分の痛みやつらさを分かち合える相手がいると、少しその痛みやつらさを和らげることができます。痛みやつらさをうまく表現できない仲間たちは、ともすると一人で耐えなければならないことが多いのかもしれません。

また、ときには、パニックや暴力などの「問題行動」が強まったり、引きこもり、さらには拒食など、さまざまな神経症的症状や心身症的症状を見せることもあります。しかしそれは単に「障害があるから」「思春期だから」ではありません。これまで以上に他者の意図や要求を引き受けようとしたり、仲間関係が育ってきて仲間と自分を比較するまなざしに敏感になってきたり、親ばなれの要求であったり、親や学校の価値観とは異なる価値観に出会ったことによるとまどいであったりと、学童期までとは異なる新たなねがいや発達要求によって生じる、とても積極的な意味をもつものでもあるのです。したがってそうした揺れや葛藤は、他者の意図や要求と自分の意図や要求との間に「折り合い」をつけられる新たな自我を確立する、仲間との比較によってではなく自分自身の中に評価の軸をもつ（変わってきた自分に手応えをもつ）、他者の価値観にふれつつ自分なりの新しい価値観を築くことによってのりこえていくことが求められます。

思春期を越える命と輝き

重症心身障害児においては、思春期におけるホルモンバランスの変化や身体的変化が体調を崩す要因となり、変形や拘縮を強め、結果として「思春期を越えない命」につながってしまうこともありました。きっと、多くの重症心身障害児が、私たちが考えてきた以上に自分や周囲の変化を心で鋭く感じ、心理的にも不安になって、いっそう身体の変化をまねいていたのでしょう。

しかし、「思春期を越えない命」と言われてきた重症心身障害児が、教育・福祉・医療の総合的保障の発展によって、「思春期を越える命と輝き」をうみだすようになりました。思春期に荒れたり「問題行動」を強めたりする知的障害児や自閉性障害児においても、それをのりこえていくことで、たしかな人格的ひろがりを見せるようになります。

昨今、子ども時代が長くなっている、思春期の心理的特性も二〇歳台にわたってみられるのが一般的だと言われるようになっています。これは障害をもつ子どもたちにとっても例外ではないのでしょう。身体がおとなになれば、とにかくすぐに働いて「一人前」になることが求められていた時代とは異なり、ゆっくり時間をかけて学ぶ権利も保障されるようになりました。少なくとも、かつて考えられていた思春期よりは、より長いスパンをかけて、おとなになっていくのだと考えた方がいいように思います。

大阪の作業所に通うヨシコさん。痙性四肢まひとアテトーゼまひを併せもっており、自分で寝返りをすることもままなりません。理解力はあり簡単な足し算をする力ももっています。養護学校を卒業し作業所に通いはじめると、働くことが楽しく、ずいぶんとはりきっていました。仕事は、バタンと手を動かして紙筒が倒れると、中に入っていた洗濯ばさみがビニール袋の中におさまるという「袋詰め」の仕事です。しかし、バタンと手を動かすことにも大きなエネルギーを使うヨシコさんにとって、仕事をがんばりすぎてしまうことは身体の緊張を強め、体調を崩すことにつながります。職員は適度に休憩をとることを勧めますが、なかなか受け入れられません。そして、作業所でこんなにがんばっているヨシコさんですが、家に帰ると「わがまま娘」になります。お風呂が大好きなヨシコさんは、お母さんが忙しくても体調が悪くても、まずはお風呂に入れてもらえなかったら怒ります。

しかし、二、三年たつころからヨシコさんに変化があらわれてきました。適度に休憩をとることを受け入れられるようになったのです。きっかけは、「袋詰め」の仕事に加えて、給料委員をするようになったことでした。仲間の給料をたしかめて袋に詰めたり、もっと給料が増えるためにはどうしたらいいかを考える委員です。この仕事は毎月、下旬に忙しくなります。それまでに無理をすると、下旬には作業所を休まざるをえなくなり、委員としての仕事ができなくなります。給料委員の仕事に、集団の中でなくてはならない自分を見出したヨシコさんは、一か月の見通しの中で仕事のしかたを考えるようになっていきました。

こうした変化があらわれていたある休日のこと、朝からお母さんが作業所のバザーに出かけようとすると、ヨシコさんは全身を緊張させて怒ったのだそうです。自分を放っておいてお母さんが出かけることに怒っているのだと思ったお母さんは、「ちょっとぐらい留守番していてよ」と言うのですが、ヨシコさんは身体を緊張させたまま。あれこれと話しかけるうちにお母さんはふと気づきました。「もしかして、数日前から咳をしていたし、心配してくれているの？　だいじょうぶ、しんどくなったらすぐに帰ってくるから」と話すと、ヨシコさんはニッコリ。笑ってお母さんを送り出してくれたそうです。お母さんは、「わがまま娘」がずいぶんとおとなになったと感じたそうです。

重い身体障害等のために介助を要する仲間たちにとって、子どもと親との関係はとても密着しやすく、ともすると親を自分の一部のようにとらえてしまっていることがあります。それは、知的障害や自閉性障害をもつ仲間たちにおいては、母親への乱暴や注意ひき行動として目立ってくる場合があります。ヨシコさんの場合は、作業所での労働や仲間関係をとおして自分への手応えを高めていくことによって、結果的に自分とお母さんとの関係もつくりかえていきました。

他者の意図を受け止める

自閉性障害をもつMさんは、発達的には「一歳半」の力をもつ方で、ことばはほとんどありません。学校時代から自傷行為が激しく、身体も大きく力も強いために自分で叩いてあざをつくってしまうこともありました。「いったい何が原因で自傷につながるのだろう」と作業所職員が考えた結果、蒸し暑さや騒がしさがイライラにつながることがわかってきました。しかしある夏の日、イライラしはじめたMさんに「暑いの、かなんな（イヤやな）」と職員が声をかけたところ、フッとイライラがおさまって、いつものような激しい自傷行為にはなりませんでした。また、同じ部屋の仲間がパニックをおこし連鎖反応的にイラだっていたMさんですが、「〇くん、Mさんがうるさいって言うてるで」と声をかけることで穏やかになることもありました。誰だって「暑い」「うるさい」のは嫌いです。Mさんも単にそうした生理的な不快感から自傷行為に結びつくのだろうと考えていたのですが、どうもそれだけではなかったようです。「暑くてしんどい」という思いを共感できる相手がいることで、自分でもちょっとがまんしようとしていたのではないか、本当は「うるさいから静かにしてくれよ」と仲間に言いたいのにうまく伝えられなくてイライし、でも職員がそれを代弁することで「そう、僕が言いたかったのはそれだよ」と納得して気持ちをおさめられたのではないかと気づかされたのです。

まだ話しことばを獲得していない仲間たちも、思春期になると、これまで以上に他者の意図や要求を自分に引き受けようとします。そのためにより「問題行動」が強まることもあるのですが、自分の要求がきちんと理解される関係の中では、自己コントロールの力や自己復元力を発揮していくことも可能なのだと思います。

青年期には青年期の課題がある

仲間たちは、こうして葛藤や不安をのりこえながら、青年としての新たな自分づくりに挑戦していくのですから、けっしてそれを避けることはできません。思春期・青年期に壁にぶつからないように、あるいは「問題行動」をおこさせないようにするために、乳幼児期や学童期があるわけではありません。新たな段階では、必ずその段階に必要な課題に直面します。そしてそこで、その発達的矛盾に自ら立ち向かい、他者への信頼や仲間関係に支えられてのりこえていきます。そのためには、乳幼児期、学童期それぞれのライフステージにおいて、その時期にふさわしい発達の主人公になることが何よりも大切であり、それぞれの時期に「新しい自分」になろうとして葛藤と喜びを繰り返してきたことが、新たな矛盾をのりこえる力になるのでしょう。

大学の授業で、「あなたにとって思春期とはどんな時代でしたか」と尋ねました。学生のほとんどは「親と摩擦をおこした」「ある教師が嫌いで許せなかった」「今から思えば何でもないことで、泣いたり怒ったり笑ったりした」など、どちらかといえば、思春期のちょっと重い側面をあげました。しかし、その授業に出席していた現職の女の先生だけが「異性への関心が高まってドキドキした」と答えました。思春期にとても近い年齢層の学生たちは、その重みをまだひきずっているけれど、時間がたつにつれ、思春期の華やいだ側面がクローズアップされてくるのかもしれないなと感じたのですが、「異性への関心」や性のことは思春期と切っても切り離せない関係にあります。それは、障害の重い仲間たちにとっても同じです。

大阪の播本裕子さんのお話をうかがう機会がありました。播本さんは、自閉性障害の息子をもつお母さんです。二〇歳になった息子さんは、簡単なことばで自分の思いを伝えることをしますが、生活全般に介助が必要だとのことです。お母さんの話で印象深かったことは、彼が青年らしい「思い」をいろいろな場面でみせはじめているということです。彼は、トイレでの大便後は介助が必要で、これまで家庭ではずっとお母さんが介助をしていました。しかし最近は、自分で何とかしようとしているようです。あるとき、トイレの中に汚れたトイレットペーパーが散乱していて、そのときはつい叱ってしまったそうですが、ちょうどそれは成人施設でのショートステイを終えて帰ってきたあとのことで、「おとなの生活をしようとしているんだ」「自分で何とかしようとしているんだ」と気づき、叱ったことをとても反省したと話されていました。その彼が、学校時代は「色気より食い気」で、外で食べるときはボリュームたっぷりの牛丼屋やハンバーガーショップに行きたがっていたのですが、卒業後は、「ちょっぴり上品」で「ちょっぴり高級」な喫茶店に行くことを喜ぶようになったそうです。お母さんによれば、どうも中学生や高校生などの「ジャリ」がたむろしている場所は卒業し、「きれいなおねえさん」がたくさんいる場所を好むようになったとのことです。そして最近では、「きれいなおねえさん」にふと視線を向けていることをお母さんに知られると、とても悲しい顔をするようになったとのことです。

障害をもつ子どもが第二次性徴を迎えたり、マスターベーションをはじめたり、異性に関心を示したりすると、そのことの喜びよりもとまどいを覚えてしまうことはよくあることです。わかってはいても「わぁ、生理がはじまっちゃった、大変たいへん！」と何気なく言ってしまうこともあるのではないでしょうか。障害をもっていてももっていなくても、おとなになることを共に喜び合えるような社会にしていきたいものです。

3 依存し合いながら自立する

これまで、自立とは「他に依存せず、自分でできること」とされてきました。障害をもつ場合には、障害が軽ければ単純作業に従事して社会の役に立つという職業的自立、障害が重ければせめて身辺自立ができることで社会の迷惑にならないようにと、「自立」がきわめて狭い意味でとらえられてきました。これは、福祉制度などに頼らない「自助・自立」をよしとする政策的意図であると同時に、個人と社会という軸だけで「自立」を考えようとすることからくる誤りでもあると思います。「やがては社会に出て行く」「社会の荒波にもまれるのだから」と個人と社会を対立図式におくことと、自立と依存が対立概念でとらえられることは無関係ではないように思います。そこには、個人が直接にかかわりをもつ集団という軸が抜け落ちてしまっています。

私たちは、周囲の人や集団との協力・協同の関係をくぐって社会とも接点をもつのであり、そうした人間関係や集団の質がもっと問われなければならないのではないでしょうか。

♠依存できる他者が広がっていく

人は誰でも、他者に依存せずに自立していくのではなく、他者に依存しながら、あるいは依存し合いながら自立していくのだと考えます（加藤直樹『障害者の自立と発達保障』全障研出版部、一九九七年、参照）。ただし、この依存できる他者がライフステージに応じて広がっていくことは、障害の有無や軽重にかかわらず、とても重要です。障害児の親の側から言えば、子どものライフステージに応じて、徐々にわが子を他者に託せるようになっていくことが大切です。それは、子の人生を子ども自身にまかせられるようになっていくということでもあるのです。

幼児期は基本的に親に依存しながら自らの生活をつくっていきます。学童期になると、依存できる相手は教師や友だちに広がっていきます。ときに、親でも教師でもなく、専門家でもない、たとえば学生ボランティアなどといっしょに放課後を過ごしたり、キャンプや行事に出かけたりすることもとても重要な意味をもっています。預ける方の親は、最初は心配で「ちゃんとご飯を食べられるだろうか。夜はちゃんと眠れるのだろうか。薬は飲み忘れないだろうか」とあれこれ思いをめぐらせたり、ときにはくっついていきたい衝動

▶南海香里のさとにて

にかられたりするのですが、案外平気な顔で帰ってきたわが子を見て、「親としてちょっと寂しいけれど、まぁ、うちの子もなかなかやるじゃない」と思えるようになっていきます。

青年期以降は、さらに地域にも依存できるようになっていくことが必要でしょう。知的障害をもつある青年は、作業所からの帰りにビデオショップに行ってビデオを借りることを楽しみにしています。借りるのはいつも「ウルトラマン」なのですが、「同じものを見ないでちがうのも借りたら」という親の声は無視するのに、「これ、この間も借りたからちがうのがいいんじゃない」というビデオショップのお姉さんのことばは、素直に聞き入れるそうです。

先ほど登場した自閉性障害のMさんも、はじめて外食ができるようになったのは、お店の方とのやりとりからでした。新しい環境に入ると、なかなかそこでの食事ができないMさんですが、少し月日はかかったものの作業所での給食は何とか食べられるようになりました。しかし、外食はできません。給料が出て、班の仲間たちといっしょに食事に行ったときも、Mさんは食べることができませんでした。しかし、プールで泳いだ後に、よほどお腹がすいていたこともあったのでしょう。ふと職員が気づくと、屋台のおじさんに何か一生懸命伝えているMさんの姿があったそうです。Mさんはどうも「カレーうどん」が食べたかったようなのですが、そのお店には「カレー」か「うどん」しかありません。話しことばのないMさんですが、その思いは伝わったようで、特別にカレーうどんをつくってもらうことができました。それが、Mさんのはじめての外食となりました。それ以降も、お好み焼きやさんとか、焼きそばやさんとか、「目の前でこの人がつくってくれる」ことがわかると、ちゃんと食べることができます。でも、どこで誰がつくったのかわからない食事のときには、すぐには食べられなかったようです。

自閉性障害をもつ仲間たちの中には、本当は食べたくても、「食べる」ことが課題になったり、「食べる」か「食べない」かの関係に追い込まれたりすると食べにくくなってしまうような敏感さを示す場合がよくあります。地域の人との関係は、そういう意味では「食べる」ことが課題ではないために、そうした敏感さから解放されやすいのかも知れません。

こうして、ライフステージに応じて依存できる他者が広がっていくことは、実は自分自身を信頼できるようになっていくことと鏡の裏表のような関係にあるのではないでしょうか。しかしそれは、青年期・成人期を迎えたからといって、一朝一夕にできることではありません。幼児期において、家庭とは別に通える場所があり、そこで、親以外の人と信頼関係を結べること、学齢期において教師や友だちと人間関係をつくれること、そして、家庭以外の場所で眠ることもできるようなキャンプや宿泊ができること、親でも教師でもないガイドヘルパーや学生ボランティアなどとかかわりをもつことといった具体的な経験の積み上げが大切なのだと思います。先述した播本さんのところでは、幼児期から施設での一時預かりなどを経験してきたそうですが、はじめは日中の二時間足らずを過ごして帰ってきた後に、四時間も五時間も泣くこともあったそうです。しかし、中学部になった頃からは、長期休暇の後半になって母親との関係が煮詰まってくると、自分から〝パドパド、ブーブー〟（パジャマを用意しろ、車でのせていけ）と言って、施設に行きたがるようになったそうです。「安心して行ける家庭以外の場所があって、本当によかった」とお母さんは言います。二、三日距離をおくことで、お互いに煮詰まった関係から楽になることができたようです。

また、別の事例ですが、思春期に入った頃からこだわりがとても強くなり、帰宅途中に必ずお弁当屋さんに寄って、から揚げ弁当を買わないといけないなど、日課のなかでの決まり事がどんどん増えていき、お母さんも疲れはててしまうことが多くなりました。しかし彼は、寄宿舎に入ることで、そうしたこだわりから少し自由になることができました。同じ環境のままで、生活の仕方だけを変えていくのは難しいことです。が、新しい環境に入ることで、自分の生活を新たにつくり直していくことができます。こうした寄宿舎や施設、学童保育などのさまざまな社会資源があることが、障害をもつ人たちの真の自立を助けることになると考えます。

親ばなれ・子ばなれ

青年期とは、自分をみつめることをくぐって、自分と他者との関係をつくりかえていくときです。親など身近なおとなに依存していた段階から、自分自身が自らの生活と人生の主人公であることを意識し直すときと言ってもよいでしょう。生活上の介助が必要な仲間たちは、親以外にも自分を託すことができるようになり、新しい人間関係や社会的関係のなかでの自分をつくりあげていきます。しかし、そのためには今までの自分、今までの親との関係をいったんこわさないといけません。それはけっしてスムーズな移行ではなく、これまで以上に親に密着的になったり、かと思うと激しく反抗したりというプロセスをくぐることが必要になります。

学校では落ち着いていても、家では荒れることもよくあります。壁をどんどんと蹴ったり、きょうだいにあたったりしはじめたため、学校の先生に相談したかったのだけれど、「とってもいいですよ。がんばっていますよ」と言われ、家での姿を切り出すことができずに悶々と悩んだというお母さんの話もありました。あるいは、朝、家を出て学校や作業所に行きづらく引きこもり的になり、「家で甘やかしているんじゃないの」と言われて、急に厳しくしてみたけどうまくいかず、厳しくしたり甘やかしたりするうちに親もいっしょに引きこもり状態に追いつめられてしまうこともあります。

今までになかった「荒れ」「揺れ」の姿を目の前にすると、親としては不安感が高まり、より子どもに干渉せざるを得なくなります。子どもは親から離れて新しい自分をつくるためにがんばっているのに、ますます親は子どもに密着的になってしまう。これでは、お互いに相手を独立した人格として見つめ直すことは難しくなります。

思春期における葛藤や混乱をのりこえていくには時間が必要です。いえ、時間だけではなく、空間や心理的な距離といった「間」が必要です。けっして、周囲の人間がこえさせるのではなくて、本人自身がのりこえていくところに、思春期をのりこえた青年らしい輝きが生まれるのだと思います。周囲の人間には、その自分でつくりかえる営みを見守り、待つおおらかさが必要になってきます。ただし、そのことを頭ではわかっても、なかなか一人では待てないのが現実です。ともに子どもたちのことを見守る複数のまなざしが、より必要になるときだと言えるでしょう。

♠親にとっても、子育てをつくり直す思春期

思春期は、親にとっても今までの「子育て」を見つめ直し、新しい子どもとの関係をつくり直していくときです。そのつくり直しを支えるためにも、レスパイトケアや寄宿舎、ガイドヘルパーなどがとても重要な意味をもってきます。

それは、きょうだいにとっても同様です。あるお母さんが、「障害をもつ息子が寄宿舎に入り、自分が子どもとの関係をつくりかえることができただけでなく、下の子も兄のいい面が見えるようになったようだ」と言っておられました。障害児のきょうだいにとって、親やきょうだいとの関係はけっこう複雑で、子育てに忙しいお母さんに自分の思いを

ぶつけることをためらってしまったり、きょうだいのことはかわいくて大切だけれど、周囲から「あんたがしっかりしなくては」と言われることに反発を感じていたりします。きょうだい自身も思春期を迎え、親と自分との関係に敏感になり、自分の生き方を漠然となから考えるようになるときだからこそ、きょうだいとちょっと距離をおいて、自分のことを考えられる時間が必要になります。

こうして、親もきょうだいも新しい関係をつくっていくことのできる時間と余裕が保障されるために、どんな社会資源や仲間づくりが必要なのかをそれぞれの地域で考えていきたいものです。

真に使いやすい制度を

ところが日本では、青年・成人期を迎えても、依存の対象が親だけにならざるを得ない「しくみ」になっていたり、地域の目が「親がいるんだから親がみればいい」となっている現実があります。また、子どもは比較的スムーズに親離れをしていくけれど、親の方が子離れしにくいといったこともよく聞きます。これは、親の問題というより、そうならざるを得ない社会資源の貧しさが背景にあるのです。

全障研大阪支部では、青年・成人期部会で各地のガイドヘルパーの制度と実態について交流をしました。こうしたガイドヘルパーやショートステイなどの制度も徐々に整ってきましたが、地域による格差はまだまだ大きいようです。ガイドヘルパー一つをとってみても、同じ府下でまったく異なる実態にあります。たとえば、①利用者の条件について、「重度」のみのところが多いのですが、市によっては「中・軽度」の人も利用できます。実際、在宅のままどこにも通っていない人の中には、中・軽度の障害をもつ人もたくさんいます。就労に失敗したり、リストラで首を切られどこにも行き場がなく家に閉じこもっている人もたくさんいます。地域の学校を卒業した後、制度間の谷間におかれ「引きこもり」になっているケースもあります。けっして、障害が比較的軽いから、外出や余暇に支障がないわけではありません。②親の病気などの理由による「緊急一時」的なものか、余暇利用にも認めるのか、あるいは余暇利用を中心にしたものか、自治体によって制度に対する考えが異なるようです。それによって、作業所などの通所に利用できるかどうかもちがってきます。緊急一時的な利用ができることはもちろん、余暇を充実させるための利用がもっと必要だと考えます。親にとっても、余暇に使うことに対する「罪悪感」や「抵抗」もあるようですが、これは自治体や周囲の意識によって影響を受けるものだと思います。③とりわけ、障害の重い仲間、介助度の高い仲間、新しい人への不安感が高い仲間にとっては、ヘルパーとの相性も重要です。単にヘルパーをつけるだけではなく、コーディネーター的な役割をする人が求められるでしょう。④制度があっても使えない、使わない問題もあります。情報が入らず制度そのものが知られていない問題や、余暇充実のために利用したいと思っても、外食のための食事代などが出せないといった経済的理由から使えない場合もあります。こうした実態を利用者の立場からていねいに検証し、真に障害児・者の自立のための地域づくりがすすんでいくことを切に願います。

4 労働と発達（1）

労働をとおして外界と自分をつくりかえる

人間は労働によって二重の変革を行うのだと言います。つまり、外界の変革と、それを通して自分自身を変革するという二重の変革です。そのために、労働は長い歴史のなかで人間を人間たらしめてきたし、働くことを通して人はたくましくなっていくのでしょう。では、なぜ労働は人を変革する力をもっているのでしょうか。そして、どのような労働が人をたくましくするのでしょうか。

労働が人間発達に結びつくのは、労働によって手を使ったり、知恵を働かせたりするからに他なりません。しかし、働いても「疲れ」しか残らない、自分自身を切り刻まれていくような無力感しか残らないということもあるし、逆に、身体はとても疲れたけれど、何とも言えない爽快感や満足感が生まれ、「今度はこんなことをやってみよう」「こんな工夫をしてみよう」と明日へのエネルギーが湧いてくることもあります。

労働による手応えを発達から考える

第2章で紹介したヨシコさんは、「重症心身障害」をもち、自分で寝返りをすることも、ことばを発することもままなりません。しかし、作業所での労働を通して、「わがまま娘」だったヨシコさんは、他者（お母さん）の身体を思いやるようになると同時に、自分の身体も大事にするようになりました。ヨシコさんの場合、簡単な足し算ができる認識の力をもっており、自分たちが「袋詰め」などの仕事をして、それが売れると「給料」になるのだというしくみを理解しています。

仕事と給料の結びつきというような抽象的なつながり、つまり目の前の具体的事実の向こう側にある「かくれた世界」「見えない世界」を理解するようになるのは、発達的に「四歳半のふし」前後からです。ヨシコさんは、自分たちがつくったものが社会的に認められること、さらには、「給料委員」の仕事を通して、集団の中でのかけがえのない自分を見出すことによって、自分自身をつくりかえていきました。

このように、「四歳半のふし」をこえている仲間たちの場合には、仕事と給料のつながりだけでなく、漠然とながら社会をもとらえられるようになっているために、自分のつくったものや、自分の仕事が社会の中でどのように意味をもつのか、どのように認められるのかが問われることになります。「つくる」だけでなく、実際に販売にでかけることも重要な意味をもっています。また、給料が欲しいから少ししんどい仕事もがんばるような、自己目的と結びついた粘り強さも発揮されると同時に、集団の中で自分がどういう位置にあるのかという集団と自分との関係にも敏感になってきます。職員に「できたね」とほめられるだけでは満足せず、仲間集団の中で自分が役に立っているという手応え、自分自身が仲間集団を変える力を発揮しているという手応えを求めていると言えるでしょう。

発達的に「四歳半のふし」の前で努力をしている仲間たちの場合には、自分のつくったものと給料との結びつきが十分にとらえられなかったり、硬貨はお金だけれど、お札は紙切れでしかないと思っていて、いつのまにか捨ててしまっていたりします。また、集団の目的（売れるものをつくろう、～をみんなでがんばって成功させようなど）が自分の目的と重ならないまま押しつけられてしまうと、「自分はだめだ」と自己否定的な感情に結びつくこともあります。多少、形が歪んでいたり、時間がかかっても、本人ががんばろうとしていることを、集団の中で価値のあることとして意味づけていくような寄り添い方が求められます。そして、仲間自身が「自分はこれをつくったよ」「～さんがありがとうって言ってくれたよ」と、具体的な結果を、具体的な目の前の人との共感を通して、達成感や手応えに結びつけることが大切になります。だからこそ、そういった関係が実現できる職員配置、そのための制度的保障が必要になります。

このように、労働が自分自身の変革に結びつくためには、労働を通して何らかの手応えが自分にはねかえってくることが必要であり、その手応えのもちかたは発達段階等に示される内的力量によって異なってくると考えます。

♠ 発達のエネルギーにかかわって

こうした内的力量をとらえる際、一般的には発達段階や発達年齢が指標となります。しかし、発達的力量は、発達段階や発達年齢などの量的指標だけで決まるわけではありません。

数年前、ある通所授産施設で、同じ日に二人の仲間の発達診断をしました。発達段階でいうと、二人とも「四歳半のふし」の前後にいる男性でした。Aさんは一桁の数の認識も安定しており、小さい声ながら「火事をみつけたらどうするか」といった仮定の質問にも答えるなど「四歳半のふし」を獲得していると思われました。しかし、描画で三角形を描く課題で、線が歪んでいたために再度描いてもらうと、二回目、三回目になるにつれ、形がどんどんくずれていってしまいました。

もう一人のBさんは、数などは不安定で手指操作にも不器用なところがありました。三角形どころか四角形を描くのも苦戦していましたが、それでも一回目よりは二回目でより角を意識して描こうとしたり、また自分の顔を描いた後に「今度は横を向いているBさんを描いて」というと、かなり考えた後に九〇度傾いた顔を描いてくれました。発達検査の数的指標で言うと明らかにAさんの方が高い結果を出していたのですが、今後の実践としては、逆にBさんの方で一歩すすめた方がいいと思われました。

Aさんは縫製班に所属していましたが、しばらく前から仕事に向かいにくくなり、日によって部屋にも入れない日が出てきていました。その理由まではわかりませんでしたが、発達診断の中でも少し難しいことに立ち向かいにくい姿、言い換えれば発達的矛盾をつくりにくい姿が目立っており、しばらくは「がんばれ、がんばれ」「前は仕事をしてたんだから」と追い込まず、仕事をしないことも否定せずゆったりと受けとめていくことが必要ではないかと考えました。

Bさんは、それまで下請け作業を行っていたのですが、できた製品を目の前にどんどん積み上げてしまったり、衝動的に職員の服を鋏で切ってしまうような「問題行動」が出てきていました。しかし、Bさんの場合には、ちょうど作業所内で検討されていた木工の自主製品をつくる班に異動した方がいいのではないかと考えました。

発達とは、自分で自分をつくりかえる営みであり、これは障害の有無や程度、生活年齢

4　労働と発達（1）

にかかわりなく普遍的なことです。「こうありたい」「あんなことをやってみたい」といったねがいが仲間のなかにあり、そのねがいにむけて自分をつくりかえようとしますが、ねがいは必然的に、今の自分の力との矛盾を引き起こします。この矛盾は、心理的にはさまざまな不安や揺れ、悩み、葛藤に結びつくこともあります。この矛盾を克服しながら新しい自分をつくっていこうとするとき、生活が生き生きとした彩りをもっていくのですが、そのためには大きなエネルギーが必要です。誰でもこのエネルギーがみちあふれているときと、ちょっと一休みして、エネルギーが充実してくるのを待たねばならないときがあるのではないでしょうか。

先ほどの二人は、ともに「四歳半のふし」前後にいる方ですが、このエネルギーのもち方がずいぶんとちがっていたようです。発達診断という限られた場面ですが、かたや不器用ながらもより難しいこと、言い換えれば新しい自分に挑戦しようとしていくBさん。一方、もっている力より少し難しいことを求められると、力の出し方がくずれてしまうAさん。当時のAさんにとっては、新しい自分に挑戦することを求められるような生活のありようは、かえって自分への信頼を失ってしまいかねないように思われました。そして、Bさんが「問題行動」と思われる行動を起こしていたのは、彼の新しい自分をつくりたい要求が今までの古い自分をこわそうとしている姿だったと考えます。事実、下請け作業の班から新しい木工作業の班にうつることによって、Bさんの「問題行動」は影をひそめていきました。

♠何が「できる」かだけでなく

作業所生活のなかでだんだんと仕事に意欲的になってきていたBさんにとって、自分で工夫や調整をする必要がなく、しかも仕事を通して社会と結びつくまでには至らなかったそれまでの作業のなかでは、とにかくたくさんの量をこなすことでしか自分なりの達成感を得ることができなくなっていったのかもしれません。木工作業ではドアプレートの色塗りを担当しましたが、色を選んだり色の塗り方を考えたりでき、しかも完成品を目の前にとらえることができます。それは、自分のつくったものがどこでどのように使われ喜ばれるのかの見通しにもつながったのでしょう。

作業所では、仕事に仲間を合わせるのではなく、仲間に合った仕事をみつけていこうとします。その際、どんなことが「できる」かという能力の面から見て、仕事の保障を考えるだけではなく、自分の能力をどのように自己認識しているのか、どのように自分の能力の主体になっているのか、という視点から援助の内容を考えることも必要です。表面的に見える「できる」力だけに依拠して労働のあり方や援助内容を考えると、本人を結果的に追い込んでしまったり、労働を通して手応えや自分らしさを感じることにつながらなかったりすることもあります。労働を通しての自己実現や他者との協力・協同を実践のなかで追求していくとき、仲間一人ひとりが自分をどのように見つめているのか、難しく言うと自分自身をどのように対象化しているのか、そして自分と他の仲間の関係をどのようにとらえ、喜びや悩みをどのように共有しあおうとしているのか、を考えることが必要となります。

5 労働と発達（2）

労働と目的意識

障害をもつ仲間たちの労働のあり方を考えるとき、「仕事に仲間を合わせるのではなく、仲間に合った仕事をつくりだす」という共同作業所運動の理念はとても大切です。しかし、その場合、仲間がどんな労働能力をもっているのか、すなわちどんなことが「できる」のかだけをとらえるだけでは不十分です。労働能力は障害によって制約を受けていても、働く意志がある場合には、その意志が実現できるような、そしてそのことによって、仲間本人の自己変革が実現できていくような援助が求められます。一方で、操作する力や「できる」力をもっていても、労働をとおして何らの手応えも自分にはねかえってこないならば、労働は自分を切り刻まれていくみたいに感じる苦痛をあたえるものでしかなくなります。

このように、「仲間に合った」の中身を考えていくときに、狭い意味での労働能力だけではなく、働く意志や、働く自分自身をどう感じているのか、どう認識しているのか、そして、労働のプロセスや結果を他者とどう共有するのかということも視野に入れることが必要となります。

前章では、発達年齢が四歳ごろ、あるいはそれ以上の仲間の例から考えました。今回は、もう少し知的障害の重い、言い換えれば、話しことばの獲得前後でがんばっている仲間たちの姿から考えてみたいと思います。

「一歳半のふし」と労働

労働は遊びとは異なり、何らかの生産価値を生み出すために行なわれるという、きわめて目的意識的な活動です。かつてマルクスは『資本論』の中で、人間の労働はどんなに稚拙なものであっても目的意識性があるという点で、蜂やクモの巣づくりと根本的に異なる、と指摘しました。目的意識性は、計画や見通し、段取りをつける力を要求し、目的に向かって実行する力、修正する力、さらには目的との関係で自分の活動や活動結果を評価する力を求めます。この目的意識性ゆえに、労働は人間発達に大きな貢献をしてきました。逆に言えば、目的意識性を可能にする発達的前提が労働の成立には求められることになります。その意味で、発達的に「一歳半のふし」を獲得することは、基本的にこの目的意識をつくって行動する主体になることであり、行動の結果、さらには行動した自分自身を振り返ることが可能になるために、労働によって自分を感じ、手応えを得ることが可能になるのです。

ただし、「一歳半のふし」を獲得していない仲間たちにとっても、労働のもつ目的意識性が集団のなかにある場合、その集団の雰囲気は伝わっています。話しことばという意味レベルで理解することが難しいからこそ、感覚のすべてで周囲をより鋭く感じ取っている仲間たちも多いのです。したがって、同じ集団であっても、労働しているときと、そうでないときとの質の違いが仲間の内面に響き、外界や他者への志向性を高める契機になることは十分にあり得ます。また、たとえば相手に物を渡す（これ自体は、発達的には一〇か月ころから可能）という同じ行動をしていても、その行動が労働の目的にそった位置づけ方をされる場合には、本人に返される周囲からの反応が異なってきます。これが、自分の行動を意識させ、ひいては達成感を自らのものとする契機になっていくこともあります。

▲目的の主人公になる

逆に、たとえ「一歳半のふし」の力を獲得していても、労働のもつ目的意識性ゆえに、他者からの意図の強要だけをもたらすことになってしまう場合、発達の阻害要因になってしまうこともあります。労働が、仲間の発達に寄与するかどうかだけで考えるのは狭い見方かもしれません。しかし、チャップリンの『モダン・タイムス』を引くまでもなく、少なくとも人間発達や人間性の発現を阻害するものであってはけっしてならないと考えます。発達的に「一歳半のふし」前後にあり、発達障害をもつ仲間たちの中には、作業そのものはこなせるけれども、指示されるとするという関係だけで作業を行っていたり、拒否をすることもできずにいたり、その場では粛々と作業をしていても、「自分はそのつもりじゃなかったんだ」とばかりに後からパニックを起こすような場合もあります。もちろん、こうしたパニックは否定的にのみとらえるのではなく、自分の意思で行動をつくっていきたいという発達要求の現れであることも多いのですが…。この場合には、労働という「目的意識性が先にありき」だけの活動だけではなく、もっと多様な日中活動のあり方を工夫していくことが必要になります。

ある自閉性障害の仲間は、作業所にきた当初は下請け作業をしていたのですが、自分から作業に向かうことはなく、徐々に作業室から離れる時間が長くなっていき、ときに激しい自傷行為がみられるようになりました。彼は、労働だけをする集団では自らの主体性を発揮することができなかったようです。しかし、三年目に半日労働の班になり、午後は散歩や調理のように自分から目的をつくりやすい活動が保障されたとき、はじめて自分からくり返し活動に挑戦するようになるなど、活動に対するかまえが変わっていきます。これが、午前中の労働に向かう姿勢も徐々に変えていき、多少しんどいことはあっても自分の役割である最後のホチキス止めの作業だけはちゃんとやりぬくようになりました。

自閉性障害をもつ仲間たちに限りませんが、新しい環境に入った当初は、緊張もあり、また周囲の状況を自分なりにとらえることにエネルギーを使うために、周囲が予想している以上にスムーズに生活や仕事をしていくことがよくあります。しかし、一、二年たって本人も余裕が出てくると、自分の思いを強く出そうとし、ときには仕事を拒否したり、「こだわり」等が強まったりすることがあります。そうしたとき、「できていたことができなくなった」という現象だけで見てしまうと、「最初はできていたんだから」「一年目はちゃんとしていたんだから」と、できるのにやらないのは仲間本人の「わがまま」だとみなされたり、担当している職員のかかわり方のまずさによるものになってしまいます。本当にそうでしょうか。

時間をかけて

タダシさんは、作業所に通所しはじめた一、二年目は、どの仕事もこなし、流れ作業でやっていたふとんピンチの組み立て作業も全工程をこなすことができました。配膳当番や掃除も几帳面に行なっていたようです。ただ、雨や子どもの泣き声など特定のものに過敏で、パニックになりやすいという姿がありました。そのタダシさんは、三年目になって、それまでにあまりなかった新しい姿をみせはじめます。ある女性職員が気になり、目で追ったり、わざとぶつかるようになったりしました。作業所から「無断外出」をしたこともありました。家では、お母さんは用意した食事を食べるだけだったのが、自分で冷蔵庫をあけたり、カップめんをつくったりするようになりました。こうした積極的な変化とあわせて、着替えや作業にとりかかるときには、職員のことばかけがないと行動にうつせないような姿も出てきました。五、六年目になると、食事も、一口ひとくちに「食べなさい」「ゴックン」ということばかけを求めるようになり、結果として食事がすすまなくなってきました。体重も減りはじめ、本人もお母さんも職員も「食べる」ことに追いつめられていくようになりました。その後、生活施設での短期入所をきっかけに再び「食べる」ことに向かえるようになり、最近では作業にも積極的になってきました。

一、二年目は、スムーズに作業を行なっているように見えたタダシさんですが、その後の経過を考えると、きっと自分の意思によってではなく、周囲の状況に合わせて「パターン」でやっていたのだろうと思います。三年目からの変化は、青年期らしい自我のつくりなおしの時期に入り、今までの周囲や他者の意図に従属的に合わせる自分を否定しながら、自分の意思で生活をつくろうとしはじめた姿だったと思います。しかし、作業や食事という「ちゃんとしてほしい」「食べてほしい」という周囲の思いが強くなりやすい場面では、相手や自分を感じすぎてうまく調整することができなかったようです。周囲もけっして「無理に仕事をさせよう」とか「無理に食べさせよう」としていたわけではないのですが、タダシさん自身が「仕事をしなければ」「食べなければ」という思いを強くもっていたのだと思います。生活施設への短期入所は、そうした関係からちょっと楽になって、自己復元力を発揮する契機になったようです。作業についても、職員がいると、どうしても職員との関係を気にしすぎるため、職員が日常的には入らず、仲間だけで自主運営をしている班に入ることになりました。その方が、自分の意思で作業をしやすくなったようです。

このように、自閉性障害をもつ仲間の場合、「仕事をしよう」という周囲の目的意識を受けとめたうえで、自分の意思をつくって労働に向かっていけるようになるために、ずいぶんと時間がかかることがあります。二年目、三年目になって、一見「後退」したかのような姿を見せることもあります。だからこそ、短期間の変化に一喜一憂するだけではなく、五年、一〇年といった長いスパンで青年期から成人期への移行や、労働のあり方を考える必要があると考えます。

▲「意欲的」すぎて失敗してしまう

知的障害をもつ剛さんは、発語はないのですが、相手の簡単なことばを理解し、自分でもジェスチャーを使って話しかけます。話の内容は限られているのですが、大好きな男性職員の動作を真似たり、週末の「おでかけ」を楽しみにして予定をくり返し確認します。コミュニケーションにハンディをもつ剛さんは、中学三年のころから、「伝えたいことが伝わらない」という自分を感じたのか、食事がとれなくなったり、母親の髪を引っぱったり、自分の頭を叩くような行動を見せるようになっていました。

その剛さんは、これまでに木工やアルミ缶つぶし、牛乳パックでの紙すきなどいろいろな作業に挑戦してきています。作業そのものよりも職員との会話に夢中になってしまったり、ときには作業に直線的に向かいすぎて、木工製品磨きでは、必死に磨いて「ラクダ」を「キリン」にしてしまったり、アルミ缶つぶし機に手を突っ込みすぎてケガをしてしまうこともありました。また、職員に認められたい思いが強いために、牛乳パックちぎりでは、数回ちぎっただけの大きい紙のままで職員のところに持ってきてしまうこともよくありました。しかしあるとき、剛さんのちぎった牛乳パックがこんなハガキになるんだということを職員がていねいに説明していくと、以後はちゃんと細かくちぎるようになりました。また、他の仲間や職員とカレーライスづくりにとりくんだときは、とても熱心に米をといだり材料を炒めたりしてくれたのですが、それがとても楽しかったようで、翌日「昨日は、おいしかったね」という職員のことばに満足げにうなずいていたようです（南海香里のさと『光のさすほうへ…――南海香里のさと実践報告集』より）。

剛さんはとても意欲的で、いつも「前へ前へ」とすすんでいこうとする人です。しかしそのやる気がときに裏目に出てしまい「もっと落ち着いて」と言われてしまいます。また、先の楽しい予定のことばかりが気になってしまう一方で、自分のやりたいことがさえぎられたり、うまく思いを伝えられないとイライラしてしまいやすいのでしょう。その剛さんにとって、職員といっしょに作業の意味や工程をていねいにたどったり、いっしょに何かをつくりあげて「おいしかったね」と満足して振り返ることは、とても大切な意味をもっていたと思います。

「いっしょにやったなあ」

知的障害と軽いまひをもつ正和さんは、やはりとても意欲的なのですが、ときに思いが通じなかったりすると、「すねて」動かなくなってしまうような姿がありました。この正和さんが作業所で働いて、給料をうれしそうに持ち帰るようになったとき、お父さんは正和さんに「一人前の男としてみている」という姿勢を意識的に見せてくれました。お父さんの仕事の納品につれていってくれたり、「今日も、よく働いたな」といっしょにビールを飲んだり…（井畑恵美「仲間とともに歩むということ」『成人期障害者の発達と生きがい』かもがわ出版、一九九八年より）。

正和さんは軽いまひもあるため、重い物を運ぶような仕事は難しいかもしれない、と思われていたのですが、今では率先して荷物運びもし、職場の要になってきています。この正和さんも、先に述べた剛さんも、認識的には二歳半ばごろの「大きい―小さい」が比べられるような段階にある方です。比べる力があるだけに周囲からの評価を求めすぎて空回りしてしまうこともあるのでしょう。職員の方も、「おだてる」つもりはないのですが、評価を求める仲間に対し、ついついその場限りの「ほめことば」で応えるだけになってしまうことがあります。前章で述べたように、この発達段階で努力している仲間たちの場合には、作業を通してつくりだされる具体的な結果を、具体的な目の前の人と共感し合えるような関係が必要ではあるのですが、だからと言って、成人期を迎えている仲間たちにとって、一つひとつほめられたり叱られたりするような人間関係では、ちょっと息苦しくなってきます。仲間たちも、本当は、自分の「やったこと」だけが認められるのではなくて、がんばっている自分自身を認めてほしい、人格そのものを受けとめてほしい、そして同じ目的に向かっていっしょにがんばったことを、お互いに認め合いたいと思っているのではないでしょうか。

6 知的障害が重い仲間たちの日中活動

この章では、労働だけでは生き生きとした作業所生活をつくりだすことの難しい仲間たちのこと、発達的には「一歳半のふし」の前でがんばっている仲間たちのことを考えます。もちろん、作業所で「労働を軸にした生活」になりにくい仲間たちは、かならずしも知的障害が重い仲間たちばかりではありません。知的には「一歳半のふし」をこえていても、自らの生活や発達の主体になりにくい時期があることについては前にも述べました。しかしここでは、話しことばの世界に入る前で長年がんばっている仲間たちのことを考えてみたいと思います。

自分の生活の主人公になりたい

前章で、発達的に「一歳半のふし」を獲得することは、目的意識をつくって行動する主体になることであり、行動の結果や行動した自分自身を振り返れるようになるために、労働によって手応えを得ることが可能になるのだと述べました。したがって、「一歳半のふし」の前にいる仲間たちにとっては、「～しなければならない」と目的意識の明確な労働活動だけでは、手応えを感じながら生活をつくっていくことが難しくなってしまうように思います。

以前、ある人がご自分の体験からこんな話をされていました。ことばの通じない外国に旅行したとき、相手は外国語で話すのでその意味は理解できない。でも、「～しろ」と何か自分に求めていることはけっこうわかる。しかし、何をしろと言っているのかまではわからないことが多かったと。話しことばを獲得していない仲間たちもきっと同じなのでしょう。何かをしろと職員が自分に求めているのはわかっても、何をしろと言っているのかはすぐにわからない。周囲は仲間を追い込むつもりはないのに、仲間本人からみたら、何かよくわからないことをせまられる関係になりがちで、そのためにイライラをつのらせたり、そういう雰囲気を敏感に感じとったとたんに眠り込んでしまったりします。

大阪の作業所に通う俊道さんの場合、相手に主導権を握られるような関係だとしんどいのですが、自分から関係をつくっていくときにはとても興味深いまなざしで周囲の世界を取り込もうとします。アルミ缶つぶしの作業も、かならずしも缶をつぶしているわけではありません。缶を自分なりに並べたり、置き換えたりしながら、目を輝かせます。また、他の人がしている作業や掃除をじっとみつめて、自分にもやらせろと手を出してくることもあります。でも、いざ「それがあんたの仕事やで」とせまられると、部屋から出ていったり、大きな声を出したりします。俊道さんは、手先が起用なので作業そのものはできるのですが、何のために空き缶をつぶしているのかはとらえにくいようです。したがって、いったんは興味を示して取り組むようになった作業でも、いつの間にか「義務」的なものになってしまい、それが新たなイライラの原因になることもありました。

俊道さんは、自分の生活の主人公になりたいというねがいを強くもっているからこそ、こうした姿を見せていたのでしょう。自分からかかわっていける「間」があるときには、とてもいい表情で新しいことを見つけ出したり、「手伝って」と頼まれたことにも応えてくれます。逆に、「この場所で、この班で、この仕事を」という枠組みが固定されてしまうと、とたんにイライラしてしまうようです。ときには一人になって自分を取り戻せる空間があったり、ときには他の作業班に行って手伝ったりできる自由度があることが大切なようです。

♣ 知的障害が重い仲間たちの日中活動をどうつくるか

こうした知的障害が重い仲間たちや、自閉性障害をあわせもつ仲間たちの日中活動をどうつくっていくのかが大きな実践課題になっていますが、その実践は第三段階に入ってきていることを感じます。

第一段階は、「働くなかでたくましく」「作業に仲間をあわせるのではなく、仲間にあわせた作業をつくっていこう」という作業所づくりの理念のもとで、どうしたら仲間一人ひとりが労働に向かえるのかを模索してきた時期です。知的障害の重い仲間たちが少しずつ作業所で受けとめられるようになってくるなかで、作業工程を分解したり、流れ作業にしたり、「運び」など基点と終点の明確な作業にしたりと、種々の工夫をしながら「労働」のあり方を考えてきました。しかし、そういった工夫をしても、作業中心の日課では難しい場合も見えてきました。

第二段階は、そうした仲間たちに対して、集団編成を考えたり、「半日労働」などの日課を工夫しながら、「労働」だけでなく「労働以外の活動」もという模索が行われてきた時期です。半日は作業に向かうけれども、半日は戸外へ散歩に出たり、調理などの活動をしたりという実践が行われるようになっていきました。「午前中、ちょっとがんばったら、午後には楽しいことがあるよ」、逆に「午前中にゆったり楽しいことをして、午後はがんばろう」といった日課のつくり方です。集団編成についても、小さな作業所では難しいのですが、認可施設などでは、小集団をつくることも含めてさまざまな集団編成の試みがな

▶第二さつき障害者作業所にて

されてきました。

　こうした第二段階を経て、今は次の段階に発展してきていることを感じます。それは、「労働」か「労働以外の活動」か、あるいは両者をどう組み合わせるのか、ということではなく、その縛りを越えたところで、仲間たち一人ひとりの生活を見つめ直し、障害の重い仲間たちにとっての「生きがい」について模索しながら、それぞれの作業所で独自の実践がつくられはじめているということです。そのなかで、あらためて「労働」についてもより発展的に考えられるようになっていると感じます。そこには、半日労働という日課にするだけでは、「労働以外の活動」は楽しいけれど、「労働」はますますつらくて苦しいだけのもの

になってしまうといった実践的な認識も背景にあったようです

たとえば、大津市にある知的障害者の授産施設では、障害の重い仲間たちに対して「療育活動」という取り組みが行われてきました。はじめて訪ねたときには、私の顔をヌッとのぞき込んだかと思うと風のように走り去っていく仲間や、強引に手を引っ張っていこうとする仲間、窓ガラスに唾をはきかけてはセッセと雑巾で拭いている仲間など、自閉性障害の仲間や、話しことばをもたない仲間たちが多い作業所なんだということが一目で納得させられる（？）ところでした。しかしそれは、単に重度の仲間が多い、自閉の仲間が多い、というだけではなかったように思います。大きな集団の中でも、それぞれが自分の存在感を精いっぱいに表現してアピールしていたのだと思います。

ここでは、「作業所だから」「大人だから」「〇〇という障害だから」という縛りをいったん解き放ち、一人ひとりの仲間が今の生活をどう感じているのか、どんな要求をもっているのか、眠っている要求はないのかを、ていねいに拾い上げようとしていました。軽度の仲間が重度の仲間の世話をするという形ではなく、重度の障害をもった人に本当に必要な取り組みとは何なのかを「療育活動」という形で模索してきたのだということでした。それは、作業はしていてもけっして満足した表情を見せない仲間たち、作業時間が終わっても作業に縛りつけられるように続ける仲間たち、拒否ができない仲間たちの姿をみて、はじめられた取り組みでもあったとのことです。

具体的には、散歩などの身体を使う活動と併せて、描画や粘土、音楽、リズムなどのいわゆる表現活動が大切にされています。こうした取り組みの中で、自分を何らかの形で表現することの喜びを知ってきている仲間がたくさんいること、「仲間の心の中の何かが落ち着きを取り戻していく」ような瞬間に出会えるようになってきたと職員は言います。そして、描画や粘土では、その「作品」を絵はがきやTシャツにすることによって、社会的な価値につなげていくこともなされています。「療育」が新たな「労働」をつくりだしてきたとも言えるでしょう。

また、一見「問題行動」は起こさないけれど、集団のなかでうずもれてしまいがちな仲間に「スポットをあてる」取り組みもなされていました。その日は、徹底的に仲間の好きな活動につきあうといった「スペシャルデー」の取り組みなどです。外に向かって発信される行動が少ないために、日々の作業所生活の中ではどうしても「後まわし」になったり、待たされてしまうことが多かったりする仲間たちです。何となく周囲にあわせていたり、一見、職員の指示に応えて行動しているように見えるけれども、けっして自分の意図やつもりをつくって行動してはいないという人もいます。職員としても、毎日の実践のなかでは、「もっとちがう思いをもっているのかもしれない」とふと頭をよぎることはあっても、どうしても動きの大きい仲間たちのことや、次の活動展開に追われてしまい、つっこんで考えることができにくくなってしまいます。そうした仲間のことを、事例検討会等で意識的にとりあげ、職員集団で「こんなこともあったよ」「やっぱり、こういう思いをもっているんじゃないの」と多面的な視点から意見交換をする努力も必要だと思います。

また、京都のある作業所では、「療育」のなかで地域に出かけ、地域の人々とふれあう機会を多くつくっていくうちに、チラシを手渡したり、花を売ったりという、新しい「労働」をつくりだしてきています。もちろん、これらの実践は、どういう作業所をめざすのか、仲間たちにどういう作業所生活をつくっていくのかという職員側のねがい、実践観が問われるところであり、「これがいい」という答えがあるわけではありません。障害が重い仲間たちは、私たちに常に問いかけ続けているのだと思います。

7 あらためて「労働」について

企業就労をしていた仲間の姿から

先日、ある作業所で仲間の事例をとりあげての実践検討会がありました。もうすぐ還暦を迎えるAさんは、長い間、企業就労をされていましたが、数年前から作業所に通ってきています。知的障害は軽く、役所に提出する書類などは自分で書きます。建材会社で二〇年近く働いてきたのですが、人員整理によって解雇され、その後、数社を転々としたそうです。しかし、そこで「いじめ」にあったり、「役に立たない」と叱責されたりするうちに、生活が荒れアルコールに依存するようになっていきました。しばらくの在宅生活を経て作業所で仕事をするようになったAさんですが、いろいろな人の会話に割り込んでは一方的にしゃべりまくったり、職員の気を引こうとわざと失敗したり、人をこづくような姿がありました。「長い間、企業で働き、苦労されてきた」方と思えない「幼さ」に職員は戸惑うことも多かったようです。

しかし、今は作業所近くの段ボール工場で、他の仲間といっしょに〝限りなく一般就労に近い形態での工場内作業〟に汗を流し、「次の給料が出たら、ちょっといい靴を買おう」と楽しみにし、そして「お酒をやめたい」と病院にも通って意識的に努力をされています。彼の「幼く」見える行動が「どうしようもない淋しさ」のあらわれなんだと職員が知っていったこと、夜になるとたまらなく不安になる彼に、グループホームでの生活がつくられていったことなどが、彼の変化の背景にありました。けれども、彼の行動が「淋しさ」からくるものであったにせよ、それを職員が受けとめるだけでは、前向きに生活をつくりかえていこうとするまでにはいたらなかったように思います。

彼がはじめに所属した班では、内職仕事に取り組んでいました。彼も含め、他の仲間たちも仕事そのものは比較的「簡単」にできるのですが、そのなかで彼は、上述したようにわざと職員の気をひいたり、仲間の話に割り込んでうるさがられたり、周囲から否定的に見られていることを感じて、そういった行動をますますエスカレートさせたりと、職員や仲間との人間関係だけに敏感になっていくような悪循環に陥ってしまいました。

それに比べ、今の段ボールの仕事では、より体力も求められるし、ペアになった相手とタイミングを合わせないと失敗してしまうような「気のぬけなさ」もあります。しかし、

Aさんにしかできない作業もあり、そこで他の仲間から「君の腕が必要なんだ」と言われる関係ができてきました。相手とピッタリ息が合ったとき、何とも言えない満足感もあります。職員もできるだけ仲間たちに任せるようにしていく中で、自然に互いの得手不得手を知りながら仕事を進めていくようになっています。工場長からも「彼らなら任せられる」と信頼を得てきているようです。

労働によって自分への信頼を失ったAさんは、労働によって、もう一度自分への信頼を取り戻してきています。Aさんの姿は、労働が単純に人をたくましくするのでもなければ豊かにするのでもない、まさに労働の質と、そこで成立する人間関係の質が問われているのだということを教えてくれているように思います。

▲高等部教育にかかわって

このように仲間の労働のあり方を考えることは、養護学校高等部での教育を考えていくことにもつながります。

大津市にある授産施設で働くダウン症のSさんは、陶芸の仕事に生きがいを見出しています。養護学校時代は、全国でも珍しい作業学習のほとんどない高等部で「教科」を中心にした学習に取り組んできました。高等部時代にも「美術」という表現教科の中で「陶

◀南海香里のさとにて

芸」をすることはあったようですが、本格的に取り組むのは作業所にきてからです。授産施設の職員や高等部の先生といっしょに彼の事例をまとめたのですが、数年間のうちに彼の作品はどんどん変化を遂げてきました。

はじめは泥遊びか感触遊びのように、粘土やバケツの水をかきまぜることを楽しんでいたのですが、職員が何かをつくることを求めると険しい顔で〝イヤ〟と言い、粘土に触ることも拒むようになっていきました。遊びでは物足りなくなってきたSさんですが、思い通りに形をつくれないことにいらだちを感じていたようです。しかしある日、他の仲間の作品をマネるように平面的な「顔」をつくりはじめます。しばらくは同じような「顔」が延々とつくられ続けていたのですが、ある日突然、平面的だった「顔」が立ち上がり立体的な人形になります。他の施設での陶芸展を見に行った後は、そこでの感動に触発されたように、器の表面に筋を入れて模様をつけるような新しい技も取り入れるようになりました。

その後、彼の作品が展覧会のポスターになったのですが、誇らしげにポスターを家に持ち帰ったSさん。職員は家族に見せてほめてもらうのだろうと思っていたのですが、彼は、自分の部屋にポスターを貼り、満足げに眺めているとのことです。いつの間にか「大人」になっているSさんです。作業所の工房を訪れると、話しことばだけではうまく説明できないSさんですが、最近はどんなものをつくったのか、どんな工夫をしているのか、一つひとつ実際にやってみせてくれます。淡々と、しかし誇らしげに……。

発達的に四歳半のふし（二次元可逆操作）を獲得しつつあるSさんは、陶芸の仕事を通して、単に何かをつくるだけではなく、自分なりのやり方を工夫し、新しい技を取り込みながら自分の世界を変えていっています。陶芸を通して、他の社会ともつながろうとしています。自らを表現することに自信を得て、がんばっている自分を絵や文字（文章ではありません）に託して、高等部時代の先生にハガキを送ったりもします。

Sさんの場合、学校時代に「陶芸」の仕方を学んできたわけではありません。いろいろな活動を通して、自分を表現する楽しさや、仲間といっしょにする喜び、自分の頭で考え、自分のことばで語る力をつけてきたことが、今の姿につながっているように思います（山田宗寛・古日山守栄「〝自分らしさ〟を引き出す青年期の教育と実践――高等部と作業所をつないだSさんの事例から――」『人間発達研究所紀要』第一五号参照、二〇〇二年）。

ライフサイクルを見通すとは

ライフサイクルを見通すとは、先のライフステージにおける課題を直線的に前のステージにひきおろすことではありません。就学したら机上学習が求められるからといって、就学前の幼児たちに、四五分間机に向かっていられるような「訓練」をしても、けっして「学習」への移行がスムーズに行われるわけではありません。同様に、作業所に行ったら「仕事」をしなければならないからといって、高等部時代に狭い意味での作業能力や忍耐力をつけることだけに教育課題を設定するのはやはりまちがいでしょう。そこでつけてきた力は、実習期間や作業所生活の最初の時期に発揮されることはあっても、長い青年・成人期をつくっていく力にはなりにくいように思います。また、固定的な枠組みや教師の強い意図のもとに「なしえる力」は、自分の意図で生活をつくろうとする青年期らしい自我を確立しようとするとき、かえって混乱を強める要因になることもあります。

同時に、受け入れた作業所の側も、短期間の仲間の姿だけを見て「学校での教育のあり方」を評価し、「もっとこんな力をつけてきてほしい」「学校ではいったい何をしてきたんだ」と言うのではなく、時間をかけて長い目で仲間の姿を見ながら、青年・成人期の生活をつくりあげていく力がどのように発揮されていくのかを、見ていく必要があるのではないでしょうか。

思春期には思春期の、成人期には成人期の、高齢期には高齢期の「課題」に直面し、そこで必ず矛盾や葛藤にぶつかります。その矛盾に一人ひとりがぶつかりながら、また新しいライフステージでの自分をつくりあげていきます。大切なのは、行きつ戻りつ、ときに休憩したり、逃げ道に入り込んだりしながらも、自分で矛盾に立ち向かえることだと思います。そのためには、それぞれのライフステージにおいて、他者への信頼、自分への信頼を育みながら、自らの発達の主人公になることが何よりも大切なのではないでしょうか。

高等部での教育実践も、作業所での実践も蓄積が進んできた中で、互いに連携し合い、一人ひとりの仲間の事実を通して、それぞれの実践を検証し合うことが求められていきます。全障研滋賀支部でも、就学前、学齢期、成人期のそれぞれのライフステージにかかわる専門職や保護者がいっしょに語り合う学習会を行っています。そこで感じるのは、意外とお互いの職場のことを知らないということです。全障研だからこそ、ライフステージを越えて仲間たちの事実に学び、自分たちの実践をふり返ることができるのではないかと思うのですが、いかがでしょうか？

次章からは、生活や余暇について考えていきます。

8 日々の暮らしと生活のハリ

障害をもつ仲間たちのなかには、生育歴において、自らの生活の主人公になれずにきている場合が少なからずあります。他律的な生活を強いられてきていたり、自己主張をせずに黙々と働けばいいといった「愛される障害者」として育てられてきた場合もあるかもしれません。

「家庭内暴力」から一人暮らしへ

『成人期障害者の発達と生きがい』（かもがわ出版、一九九八年）に登場する福原さん（一九四九年生まれ）は、軽い知的障害とてんかんを併せもっています。三〇歳で母親が死去、以後、父親と二人暮らしになるのですが、事細かに福原さんの行動に干渉する厳しい父親への反発から「家庭内暴力」とてんかん発作が頻発するようになります。そして、精神科病院への入院。お父さんとしても、必死に福原さんとの生活をつくろうとしていたのでしょうが、うまくいかなかったようです。その後、父親の心臓発作での緊急入院から、福原さんの人生が大きな転換期を迎えることになります。

生活施設入所か一人暮らしか、いろいろ悩んだすえ、昼は「さつき作業所」（通所授産施設）で働き、夜は「さつき」の職員の応援も得ながら、「自分の家で暮らす」という選択をすることになりました。しかし、福原さんの家を訪ねた職員は驚きます。箸やスプーンの類から日用品全般にわたって、どこにあるのかがわかりません。与えられるばかりで、福原さんの意思で使えるものが何一つなかったという生活のありように、驚くばかりだったそうです。福原さんも、一人暮らしを選択したものの、夜になると不安になり、夜中に職員宅に電話をすることが続くようになります。

喫煙をめぐっての地域とのトラブル、金銭管理でのトラブル（はじめて自分の意思で自由に使えることになったため、缶ジュースを買いすぎたり「喫茶店通い」で使い果たしてしまう）なども続くのですが、紆余曲折がありながらも少しずつクリアしていきます。職員も、「ただ生活を援助するだけでは、これまでの他律的な生活を繰り返してしまうことになる」と、福原さん自身が自分の生活をつくっていけるような援助のあり方を探ってきました。そして五年前に、自宅からアパート生活に移ったときには、職員の手を借りずに不動産屋と福原さんで大家さんと契約し、住民票異動などの手続きも自分でやりあげるまでになりました。

「絵を描きに行った。僕が描いた」とたどたどしく話しながら、色鉛筆で柔らかに色づけされた花の絵を見せてくれる福原さんは、相手を包み込むような穏やかさをもった方です。きっとお母さんから、優しく包み込むように育てられてこられたのだろうと思います。しかし一方で、受け身であてがいぶちの生活であったがために、自律へと向かうときに「家庭内暴力」という大きな葛藤に追い込まれてしまいました。福原さんの歴史は、生活の主人公になるとはどういうことなのか、いろいろと考えさせます。

自分の生活を意識する

福原さんの姿は、人は三〇歳を過ぎても、四〇歳を過ぎても変わっていくんだという励ましを与えてくれます。そこに、職員のなみなみならぬ援助や、作業所の仲間たちの応援（「一人暮らしの福原さんを励ますパーティー」などを行った）があったのはもちろんですが、福原さん自身が「淋しさ」ものりこえて自分で生活をつくっていく喜びを見出していった土台に、日々のあたり前の生活での「ハリ」や期待がありました。「明日はゴミの日やから、ゴミまとめとこう」「明日食べるパンがないから買って帰ろう」「長いこと雨ふれへんから、庭の花に水やっとこう」。受け身の生活や他律的な生活ではけっして味わうことのできない実感です。こうした、なにげない日々の暮らしのなかで、生活の「ハリ」はつくられていくのではないでしょうか。しかし、障害をもっている仲間たちのなかには、こうした「ハリ」を感じる生活が奪われてきてしまっている場合も少なからずあるように思います。

以前、京都市聴覚言語障害センターの入所更生施設部での実践報告を聞く機会がありました。仲間たちによる「夕食づくり」という新たな取り組みにかかわる報告だったのですが、そのなかで、ある仲間がはじめて「自分から手を洗った」ということでした。食事の前に手を洗うことは、幼いときから毎日繰り返されてきたことだと思います。しかしどうしても、教師や職員が「手を洗わなあかん」と言うから手を洗う生活になっていて、何のために「手を洗う」のかが意識されないままだったのでしょう。居室（三人部屋）での夕食づくりは、設備も不十分で、仲間からも「（厨房で）つくってもらった方が楽」という意見が出たこともあったようですが、それでも徐々に定着してきているということでした。

入所施設のように大きな集団や広い生活空間では、「電気がついているのがあたり前」「食事が出てくるのがあたり前」になってしまうことも多く、上述したような、日々の生活を自分でつくる「ハリ」がつくられていきにくいことがあります。しかし、自分たちで夕食をつくることに挑戦するなかで、あらためて自分の生活を意識していくようになります。その結果、「流しが狭い」「ボウルがほしい」などという声も聞かれるようになってきました。

こうした要求は、仲間たちの自治の発展に結びつく契機としても、とても重要な意味をもっているのではないでしょうか。施設や作業所の職員から、「仲間の会」や「自治会」はあるけれど、役員選挙のときに盛り上がるくらいで、日常的にパッとしないがどうしたらいいのか、という悩みが出されることがあります。自治は、それぞれの構成員の要求がないところでは発展しません。そして、その要求は自分の暮らしを意識するところから生まれてくるのだと思います。

障害をもつ仲間たちの生活形態は、家族との同居、入所施設、グループホームなど多様です。いずれの生活形態であっても、そのなかで仲間自身が自分の生活を意識し、生活の「ハリ」を感じ、そして要求をつくりだす主体になっているのかが問われるようです。

♠生活をふりかえる

前述した福原さんは、認識発達的にいえば「七歳ころ」の段階にある方です。抽象的、論理的に物事を理解することは難しいのですが、目の前に起きることがらを具体的な方法で解決していこうとします。生活費についても、缶ジュースで使い果たしてしまったり、自宅に他の仲間を招待したときには、たくさんの花を買って有り金全部を使ってしまったりと、一か月を視野に入れて使っていくことに難しさがありました。そこで、福原さんと職員とで、毎日を振り返り、生活費を計画的に使っていくために語らいながら家計簿を記入していくことにしました。これは徐々に、福原さん一人でするようになっていき、「使い込み」は減っていきました。そして、交通費や宿泊費を見積もって、一人で一泊旅行に出かけるまでになっていきました。

この職員と語らいながらの家計簿記入は、福原さんにとって大切な意味をもっていたと思われます。日々の生活はどんどん流れていくために、ともすると、過ぎたことを振り返ることはあまりない場合があります。明日のこと、来週のことを見通して期待をつくる生活も大切ですが、生活を振り返ることで、充実感を感じたり、「また明日も」と思えることもあるのではないでしょうか。作業所で働く仲間たちの姿を見ていても、当然ですが仕事が終わったあとのコーヒータイムなどで本当に充実したくつろいだ表情をよくみかけます。この時間のために一日があるのだろうと思えるほどです。ついついそこで、「今日はどれだけがんばったか」「いくつつくったか」を報告させて、みんなで確認しようということになるのですが、もっとこの時間のあり方を考えてもよいように思います。

▶第二さつき障害者作業所にて

話は少し変わりますが、よく「子どもは夕方に発達する」という言われ方をすることがあります。日中、活動的に遊びこんでいるときではなく、太陽が西に傾き影法師が長くなって「今日も楽しかったね、また明日も遊ぼうね」と思えるとき、あるいはお母さんやお父さんとゆったり湯舟につかりながら「お父さんも仕事がんばってきたよ。お前も友だちとがんばってきたんやな」と声をかけてもらえるときに、子どもたちは日中エネルギッシュに活動したことを内面におさめ、心を太らせていくのかもしれません。でもこれは、子どもだけでなく、おとなも同じなのではないでしょうか。人間らしい暮らし、生活の豊かさというときに、こうした生活のありようも考えていく必要がありそうです。

しかも福原さんの場合には、認識発達的にも「七歳ころ」の段階にあると書きました。五、六歳以降は、書きことばの世界に徐々に入っていくと同時に、時間的な認識も大きく変わっていきます。自分のことについても時間軸のなかでとらえ、「自分はこう変わってきた。これからはもっとこうしたい」と考えるようになっていくときです。したがって、養護学校高等部などでの青年期教育においても、「自分史」を綴るような取り組みがなされたりします。大阪にある「なかまの里」は、聴覚障害や、聴覚障害と知的障害を併せもつ仲間たちの生活施設で、四〇歳代、五〇歳代の壮年期の仲間たちが増えてきています。ここでは最近、仲間からの希望で、「外出」として買い物だけではなく、自分の生まれた家を訪れたりお墓参りをしたりしているそうです。

壮年期になって自分の生いたちを振り返ることは、青年期とはまた違う意味合いがあるのかもしれません。過去はけっして「いい」面ばかりではありませんが、いっしょに語る相手がいることで、楽しかったこともしんどかったこともわかち合えるのだと思います。

9 生活と「こだわり」

豊かな生活とはいったいどのような生活なのでしょうか。前章では、日々の暮らしに「ハリ」を感じ、期待をもって生活をつくることの大切さについて考えました。この章では、実践上の悩みとなりやすい「こだわり」について、二人の自閉性障害をもつ仲間の姿から考えます。

空き箱が宝物

自閉性障害をもつYさんの宝物は、空き箱にセロテープをグルグルと何重にも巻きつけたものです。同じく自閉性障害児の息子をもつあるお母さんが、息子の幼いころ、次つぎと続く「こだわり」に疲れていたとき、作業所で働くYさんに出会いました。「首から『自閉症です』と看板をさげているような青年だったけど、目がとても生き生きと輝いていた」とそのお母さんは言います。たしかにYさんは、コマーシャルをブツブツと繰り返しているなど、一見して「自閉症」とわかる青年です。

お母さんはそれまで、息子のこだわりが許せずに「普通の障害児になってほしい」とばかり思っていたのだそうです。しかしYさんに出会って、「ああ、こんな生き生きとした『自閉症の青年』になってくれたらいい」と考えられるようになり、それからは息子の「こだわり」があまり気にならなくなったそうです。そうすると、不思議なことに、それまで生活のあらゆる場面でみられていたこだわりが少し影をひそめ、こだわりはあってもお互いに生活が楽しくなっていったということでした。

親にとって、子どもの障害を受けとめるというのは、本当に大変なことです。専門家から説明されても受けとめられず、「なんでこんなことばかり繰り返すのか」「なんとかフツウになってほしい」と思うのは当然です。しかしそれは、目の前のわが子を否定することにもなります。「わが子はかわいい、でも、この行動は許せない」など、心が揺れ動きます。子どもたちは自分が否定されていることを感じると、ますます不安な気持ちになり、「こだわり」などを強めてしまうこともあります。このお母さんの場合、Yさんに出会ったことが、息子を受け入れる大きなきっかけになったようです。

さて、話をYさんのことに戻します。このYさんは、とくに薬の箱が好きで、せっかくの給料が、高い薬のために（中身ではなく、パッケージのために）消えてしまったこともありました。小学部時代は、この箱への「こだわり」は許されない行動だったらしいのですが、中学部になったときに、彼の好きそうな箱をくれた先生がいたそうです。そのときから、彼は学校が好きになり、生徒会長に立候補するぐらい積極的になっていきました。作業所がバックアップするグループホームでの生活がはじまったときも、最初は新しい生活への不安から、手に抱えきれないくらいの空き箱（もちろん、すべてていねいにセロテープが巻きつけてありました）をもってきていたのですが、グループホームでの生活が安心できるものになるにつれ、部屋を占領していた空き箱は徐々に減っていきました。

その際、ホーム内に彼の個室、すなわち自分だけの空間があったことがよかったようです。他の利用者との共用空間に、自分のもち物をたくさんもち込むことは許されないし、自分の大切なものが触られないかと本人も緊張してしまうのですが、自分の場所に好きなものをもち込むことは妨げられるものではありません。もちろん、あまりにたくさんの箱をもちこむことは自分の生活のじゃまにもなりますから、ホームのキーパーは「押し入れに入るだけにしよう」などと交渉をしていくのですが、けっして頭から「こだわり」を認めないようなかかわりはしませんでした。

私は何が何でも個室でなければならないというつもりはありません。仲間一人ひとりの生活をどうつくるのかについて、見通しや実践がないままにただ個室をつくるだけでは、とりわけ「問題行動」の強い仲間に対して、かえって職員が監視をする関係に陥ってしまうこともあります。Yさんは、自分の部屋に大好きな物を置き、時にその部屋でゆっくりとしながらも、ホームでの時間の大半はみんなが集まる居間で過ごしています。

Yさんの箱など、普通は「あまり役に立たないもの」だったり、通常の趣味とはちがうから「こだわり」とされてしまうのですが、特別に「反社会的行動」でないかぎり、互いに相手の大切な生活として認め合うことが必要だと思います。そして、そんな「こだわり」としての大切なものをもっている彼がうらやましく思えることもあります。ちなみに彼は、空き缶などの選別をするリサイクル班で働いているのですが、あるとき、ジャンパーがあたるという缶コーヒーのシールにこだわっていたそうです。作業の流れと関係なく、シール集めに励むので職員に叱られることもありましたが、実は彼には、思いをよせる車いすの仲間がいて、彼女にプレゼントしたくてシールを集めていたようです（彼の思いが伝わったのかどうか、残念ながら知らないのですが…）。「自閉症だからこだわり」と決めつけてしまうのではなく、そこにはさまざまな思いやねがいがあることをあらためて教えられました。

Hさんと職員のシーソーゲームから自分でつくる世界へ

Hさんも、「こだわり」の強い青年です。誰よりも手先が器用で箱折りも上手ですが、わざと不良品をつくって職員から注意されることを楽しんだり、大好きな給食なのに食事の途中でひっくり返したり、毎朝外でオシッコをしたりします。オシッコをやめさせると、職員がすぐに駆けつけてこられない（しかし、なぜか作業所の窓から職員が見ていて気づきそうな）ところでオシッコをします。まるで、「こだわり」をやめさせようとする職員とのシーソーゲームを楽しむかのようです。熱心な職員ほど、彼とのシーソーゲームに疲れ果ててしまいます。

そんな彼に対して、せっかく手先が器用なのだからと、もっと労働の中で力を発揮してもらおうとした時期もありました。しかし、作業に慣れないうちは一生懸命取り組むのですが、慣れてくると、必ず職員の意図をわざとはぐらかすかのように、不良品づくりにいそしむようになります。それもはじめは表情に余裕があるのですが、徐々に険しい表情で「こだわり」に追いつめられていくようです。そこで、労働だけではなく、もっと自分をゆったりと出せる場が必要なのではないかと、少人数で『ふれあい牧場』という小さな牧場に週一回出かけることにしました。

Hさんは『ふれあい牧場』につくと、ヤギやウサギを見て〝ウシ〟と言って笑い、草をむしって食べさせるなど、とてもリラックスした表情になります。この時間を何か新しい取り組みにいかせないかと考えていた職員は、スケッチブックをもって出かけることにしました。すると回を重ねるごとに、Hさんの方から〝クレパスチョウダイ〟〝エノグ〟などと話すようになってきました。以来、月曜日の午後になるとどこからか鉛筆やマジックをもってきて、自分でシマ模様などを描くようになっていきます。「終わろうか」と声をかけても〝イヤヨ〟〝モットスルヨ〟と言い、ようやく納得したものを描きあげた後は、〝カイタヨ〟ととても満足した表情になります（『一九九九年度　大津福祉会研究紀要・事業年報』より）。

Hさんは、手先の操作など部分的には高い力をもちつつも、その力を自分の意思や目的で使っていくところに課題をもっています。すなわち、自分から何かをしようとしたり、目的的に行動をすることが苦手です。相手の意図には敏感で、作業場面でみられるように、はじめは相手の意図にあたかも従属するかのように一生懸命取り組みます。しかし、相手に合わせるだけでは満足できないために、作業そのものが楽にできるようになると、今度は相手の意図から「ずらす」という形で自分を出そうとして、不良品づくりになっていきます。それに対して職員が何とかしようと働きかけると、前述のような先の見えないシーソーゲームになっていきます。かと言って、無視をしてもうまくいきません。Hさんは、人を求める心の強い仲間です。相手の気をひこうとして、激しく給食をひっくり返したりします。

彼は今も、描画になると、自分から描きはじめます。相手の意図とは関係なく、自分のつもりで世界をつくれるのです。それもはじめは、わざと筆洗いバケツではないところで筆を洗ったり、「上手だね」とほめると上から塗りつぶしたりしていたようですが、労働場面とは違うので職員もあまり気にとめなかったようです。労働場面で、自分なりに「違う」ものをつくろうとすると不良品になってしまいますが、描画では自由な表現が許されるために、職員の意図をはずしても、それは「おもしろさ」として受けとめられます。今もHさんの「こだわり」がなくなったわけではないのですが、「こだわりはあるけれど、豊かな人だなあ」と受けとめられるようになってきました。

♠「弱さ」「しんどさ」ばかりに目を向けていないか

自閉性障害をもつ仲間の「こだわり」は、時に、生活を妨げたり、他の人といっしょに生活する上での桎梏になります。そのために、「何とかなくならないか」と考えられがちです。しかし、実践の目標がこだわりをなくすことに狭められていくことは誤りです。誰だって、自分の「しんどい」ところばかりを相手に見つめられて、そこだけを何とかしろと言われても困ってしまいます。

劣弱性を列挙するような障害観（障害があるから「～ができない」と、できなさばかりをみる見方）、いわゆる「ナイナイづくし」の障害観は誤りだと言います。学生時代に映画『夜明け前の子どもたち』（一九六七年撮影）を見た私は、そこではじめて「重症心身障害児」といわれる子どもたちのことを知りました。映画には、目の見えない、耳の聞こえない、頸のすわらない、「寝たきりの重症心身障害児」であるシモちゃんという少年が登場します。浴槽の中でゆらゆらと身体を揺らしてもらっても、表情一つ変えないシモちゃんに、職員は「なすすべがない」という思いを抱き、療育の糸口すら見つからないと感じます。しかし、「あれもできない、これもできない」「寝たきり」という見方を一八〇度転換して「寝ることはできる」と考えたとき、はじめて「もっと違う寝方はできないか」「うつぶせはどうだろう、横向けはどうだろう」と療育の糸口をつかんでいきます。今でこそ、肢体障害の重い子どもたちの姿勢を変えるという取り組みはあたりまえになってきましたが、三〇年以上前は「頸のすわらない子をうつぶせにするなんて、とんでもない」と考えられていました。そして、こうした姿勢を変える取り組みなどの結果、シモちゃんは生まれてはじめて笑うようになります。

この一八〇度違う見方でとらえるまなざしに大きな感動をおぼえ、「ナイナイづくしの見方ではダメだ」と強く思うようになったのですが、しかしある日、目の前の子どもが示す「自傷行為」や「こだわり」に強く縛られている自分に気づくことになりました。そうした行為の奥にある思いやねがいに気づけずにいたのです。障害観を学ぶとは、誤った障害観、正しい障害観というものを並べていくことではなく、自分自身の障害観を常に問い直すことなんだと思います。「ナイナイづくし」はダメだけれども、逆に「あれもできる、これもできるじゃないか」というだけでは、現実に障害に悩み、苦しむ本人や家族の思いを見過ごすことにもなります。

少なくとも、「こだわり」だけを見ていないか、相手の「弱さ」「しんどさ」ばかりに目を向けていないか、問い直してみたいものです。

10 「加齢」について考える

大津市にあるみどり園（知的障害者通所授産施設）で働くふさゑさんは、一九二五年生まれ、現在七六歳です。知的障害があり、認識的には四歳過ぎの力をもっている方ですが、お話をしていると暖かく包み込まれるような安心感をおぼえると同時に、何かこちらも若返る（？）ような不思議なパワーをもった方です。

ふさゑさんの歴史

大正の末に生まれたふさゑさんの人生は、戦時中の困難な時代も経て、まさに激動の歴史のなかで紡がれてきました。みどり園職員の岩崎ますみさんがふさゑさんの歩んできた道を綴っていますが、それによると、ふさゑさんは病気がちで学校にはあまり行けず、よくお父さんに背負われて病院に行っていたそうです。

戦争で二人の兄をなくし、「通知がきて、お父さんとお母さんが、跡取りが死んだと泣いていた」と言います。その後、お父さんが癌で亡くなり、お母さんも亡くなって、ふさゑさんは医者の家で住み込みのお手伝いとして三〇年近く働いてきました。とても大切にされていたようですが、「子どもが乳母車から落ちて怒られた」り、「いらんさかい、いんでしまえ（必要ないから出て行け）」と言われたこともあったようです。知的障害のあるふさゑさんがさまざまな苦労をしたことは容易に推測できるのですが、「料理は、みそ汁をつくった。だしはいりこや。だしがようでるでー」と話すなど、しんどい中でも生活のひとこまひとこまでつかみ取ってきたことが、今のふさゑさんのベースになっていると感じます。医者が亡くなった後、しばらくブラブラしていたようですが、近くの人に声をかけられて「ひかり園」（滋賀県ではじめてできた障害者作業所）に行き、親戚の人と同居するために大津市に転居してからは「みどり園」で二〇年間働いています。

親戚と暮らしはじめた当初、家にいたときは毎日ぼんやりしていることも多かったようです。しかし作業所に通うようになると、周囲に認められることにハリを感じ、トイレ掃除、お茶の準備、タオルの袋詰めが、ふさゑさんにとって自信のもてる仕事になっていきました。ただ、自信がもてて「やりがい」を感じる仕事は、他の人にふれられたくない仕事でもあり、職員が手伝おうとすると大声で拒否したり、自分の思いどおりにならなくてひっくり返って泣き叫びます。また、興奮状態になっている他の仲間に対して、どうして

▶ふさゑさんの絵

いいかわからず叩いてしまうこともありました。職員が話をすると納得するのですが、また同じことを繰り返してしまいます。

ふさゑさんが七〇歳を過ぎたころ、「若い仲間にお茶の入れ方を教えてほしい、後継ぎを育ててほしい」と職員が提案をしたところ、少し困った表情をしながらも、すぐに当番の仲間を呼び寄せて教え、「上手や」と声をかけてくれるようになりました。自分一人ですることがやりがいだった姿から、仲間を受け入れ、仲間に教えることに新たな価値を見出していきました。また、いつも同じ絵（花や鳥）を描いていたふさゑさんが、自分や仲間の絵を描くようになっていきました（**上絵参照**）。岩崎さんは「誰もが老いていくけれど、ふさゑさんは、数年がかりで自分の価値観を変化させていった」と書いています。

この変化のプロセスは、発達的にも二次元可逆操作

◀ふさゑさんの絵

期（四歳半のふし）に挑戦していく姿と重なります。ふさゑさんは、「いつまでもみどり園で元気に働きたい」と言い、実際、七六歳とは思えないほど元気です。しかし体力が少しずつ落ちてきているのも事実です。そうした「老い」を自覚しているわけではありませんが、仲間関係の中に自分の価値を見出せる生活があり、そこで新たな自分の役割に挑戦しながら、客観的には「老い」を受けとめつつ、発達的に新しい世界を広げてきています。「老い」とは、単純なマイナス方向への変化では決してないことを、ふさゑさんは私たちに教えてくれているようです。

▲知的障害をもつ仲間たちの「加齢」にともなう実践課題

当然ですが、障害の有無にかかわらず、誰もが壮年期、高齢期をむかえていきます。作業所等でも、仲間の加齢にともなう問題が大きな検討課題になりつつあります。知的障害をもっている場合、老化が早いと言われることがありますが、老化のメカニズムそのものがまだ解明されてはいません。ましてや、それぞれの障害と老化の関係について明らかになるにはまだ時間がかかるでしょう。しかし、体力が低下したり、機能的には「できていたことができにくくなる」ことも事実であり、そこで高齢期にふさわしい生活のあり方が模索されるようになってきています。ここでは全面的に展開することはできませんが、今後の検討課題として、以下の四点をあげたいと思います。

一つは、一人ひとりの変化を正しくとらえるということです。「最近、歩き方がフラフラするようになった」「同じことばかり繰り返し言うようになった」「細かい仕事ができにくくなった」などという変化の裏に、脳の変性疾患や視力低下などが隠れている場合があります。「がんこで怒りっぽくなった」というときにも、単に「年をとったから」ではなく、視力や聴力の低下が原因になっていることもよくあります。まずは医療的対応が必要ではないかどうかの見極めが求められます。

すぐに「老化」と結びつけない

二つめは、だからといって、仲間の「マイナス方向への変化」を何でもかんでも老化と結びつけてしまわないことです。ある女性の仲間は、三〇歳台後半になったときに、仕事に向かうときの意欲が見えにくくなり、会話も同じことばかり言い続けるような姿が出てきて、「老化がはじまったのだろうか」と職員が心配するほどでした。彼女はそれまで陶芸班に所属しており、認識発達的には四歳ころで、手先が少し不器用なところがありました。結論的に言うと、作業所生活の中で力をつけてきた彼女は、自分の仕事の出来ばえを気にするようになり、他の仲間と自分とを比較して自己評価を行うことがきちんとできるようになったために、自分の不器用さにいやというほど直面せざるを得なくなったのでした。それが彼女の意欲の低下をもたらしてしまったようです。ところが、その後下請け作業を中心にする軽作業班に異動したことで、陶芸の仕事ほど自分の不器用さを感じずに達成感がもてるようになり、自信を回復していきました。班の中でもリーダー的存在になっていった彼女は「老化ではないか」というかつての心配が笑い話になるほど、生き生きとした姿を見せるようになったのです。

このように、発達的な変化が自己認識にかかわる変化をもたらし、それが、機能すなわち「できること」との矛盾を大きくしてしまうときがあります。やはり一面的に仲間の姿を見るのではなく、全体的にまるごと見つめることが大切でしょう。

機能低下が起きても

三つめは、通常でも早ければ四〇歳台くらいから、運動機能や感覚機能、とりわけ視聴覚機能については低下する時期に入っていきます。もちろん個人差はありますが、知的障害をもつ仲間たちにおいても当然同じような変化は起きてきます。問題は、こうした機能低下が、意欲の低下や、自己評価の低下などの二次的な「老化」につながらないようにすることです。機能低下の面を周囲が正しく認識し、医療に結びつけたり、場合によっては日課や環境設定のあり方を変える必要があります。そうでないと、「できていたのに、できていたはずなのに……」「どうしてがんばらないのか」といった否定的評価をいつまでもひきずったり、仲間を追いつめるようなことになったりします。

高齢期にふさわしい生活とは

こうした点に留意しつつ、実践的には医療的対応だけではなく、高齢期にふさわしい生活をつくっていく必要があります。

とりわけ、生活のスピードをゆったりしたものにすることがとても大切でしょう。周囲の環境の変化、他の仲間たちの動きについていけなくなったとき、一人取り残されるような疎外感は誰もが感じるものです。

また、高齢期だからこそ自分の生きてきた歩みをふり返れるような機会が求められるように思います。そのためにも、ともすると単調になりやすい知的障害をもつ仲間たちの成人期・壮年期において、生活の結節点となるようなちょっとワクワクする取り組みが必要だと考えます。第1章で紹介したもみじ寮・あざみ寮（生活施設）では、五年に一回の「新しい経験」として、市民ホールを借りての寮生劇を続けているそうです。「○歳のとき」とか「○年に」ととらえることはできなくても、「～の劇のとき、～やった」と自分の歴史をふり返るライフイベントになるのではないでしょうか。

そして、ふさゑさんが教えてくれているように、高齢期をむかえたときに「あなたが必要なんだ」と受けとめられるような仲間関係が、何よりも高齢期の生活を輝くものにするのだと思います。

11 実践をつくる

障害観、発達観、生活観を問う

実践をすすめるには仲間たち一人ひとりの理解が大切であり、生活、障害、発達をしっかりおさえなければなりません。しかし、たとえば障害を理解するといっても、どういう障害をもっているのか、あるいはダウン症や自閉症がどういう障害なのかといった個別の特徴をつかむとだけではありません。それも必要なのですが、個別障害の理解を越えて、そもそも「障害とは何か」「人が障害をもつとはどういうことか」という障害観そのものを問うことも大切です（このことについては、第9章でも少しふれました）。発達についても同様で、この発達段階だから、発達年齢が何歳ころだから、こういうことができるだろう、あるいはこういうことは難しいだろうとみるだけではありません。「発達とは何か」という発達観そのものを自らに問う姿勢が常に求められます。

なぜなら、こうした障害観、発達観、生活観が、日々の実践でのなにげない姿勢や仲間へのかかわりにふとあらわれるからです。たとえ「優しくていねいな」ことばかけであっても、仲間に乱暴に響くこともあれば、その逆もあります。互いの人権を守り、一人ひとりのかけがえのない人格を大切にしていくということは、マニュアルやテクニックではなく、鋭い感覚のレベルで問われることです。その人権感覚を鍛えていくためにも、障害観、発達観、生活観の問い直しが必要になってきます。

障害の重い仲間たちにとっても同様です。いえ、場合によっては、話しことばの世界に入っていない仲間たちこそ、五感そのもので相手や周囲を感じ取っており、より鋭敏に相手が自分を大切にしてくれる人かどうかを見極めているのかもしれません。

そして、それを職員同士が語り合うことがきわめて大切だと考えます。職員にも一人ひとりの個性があり、いくら意思統一をして一貫性のある実践をしようとしても、みんなが同じ対応、同じことばかけになるわけではありません。違っていて当然だし、そこに職員集団としての「おもしろみ」も出てきます。しかし、一人ひとりの職員の個性が生かされるのは、職員の基本的な障害観や発達観が一致しているときだと思います。

それはわかっているけれど、こんなに人手が少なくて大変なのに、「あなたの障害観は？」なんて悠長に語り合っている暇はない、それよりも明日の準備をすることの方が大切、という声も聞こえてきそうです。一方で、そういった話し合いを、具体的な仲間の姿や実践から離れて、机上でばかり行うのも考えものです。

『夜明け前の子どもたち』から

前に少しふれた、映画『夜明け前の子どもたち』の中で印象にのこっているシーンの一つに、多動で「目を離すと何をおこすかわからない」ナベちゃんに対して、紐でつなぐことをめぐる職員の葛藤があります。『夜明け前の子どもたち』は養護学校義務制実施よりもずっと前、障害の重い子どもたちが教育からも医療からも見放されていた時代に、重症心身障害児施設びわこ学園の設立期における実践の模索を描いたドキュメンタリー映画です。

紐でつなぐなんてとんでもないことですが、一人の職員で何人もの子どもをみなければならない、今以上に過酷な労働条件のもとで、子どもの安全を守るために「やむをえない」と行われていました。それに対して、「とにかく紐をはずすことから実践がはじまるんだ」「わかっているけど、こんな状況でどうすればいいのか」「動いたり遊んだりできるように紐を長くすればいいじゃないか」と、カンカンガクガクの議論が交わされていきます。

しかし、「紐でつなぐ」のか「紐をはずす」のかという、あれかこれかの議論をしている間は、結局、職員たちも「紐」に縛られたままでした。施設の外に出て、野洲川の川原での石運び実践での、「石は運ばないけれど、友だち関係を運んでいく」ナベちゃんの姿から、何が本当に大切なのかをより深いところで職員がつかんでいったとき、はじめてナベちゃんも職員も「紐」から自由になっていきます。新たな実践と、そこでの議論をとおして、それまでの古い認識が打ち破られ、新しい認識が獲得されていったのです。

今はもちろん「紐でつなぐ」ことはないし、あってはならないことですが、扉や門に施錠をするのかどうかという議論はどこでもあるのではないでしょうか。あるいは、目に見える紐ではなくても「決まりきった日課」で仲間たちを縛りつけていないか、「自閉症だから、こういう行動になるんだ」といった固定観念の「紐」で仲間をくくりつけてはいないでしょうか。

先日、ある施設で利用者の無断外出をめぐって議論が行われました。近所の車に乗り込んで動かすという事件も起こったため、何とかしなければと、門にセンサーをつけ、「出て行った」ときには職員がついていくことになりました。「問題行動」は発達要求のあらわれだという学習もふまえての対応だったと思います。しかし、外出はエスカレートしていき、職員も個別の対応に追われていくことになります。「発達要求」ととらえることは、その行動をそのまま受容することではありません。外出という形であらわしている要求は何かを推し量り、それを日々の生活の中で組織しなおしていくことが必要なのです。『問題行動』は発達要求のあらわれだ」という重要な実践的認識も、そのままストレートに持ち込むだけでは、実践を縛る「紐」になってしまいます。実践とは、常に認識を新しくしていく営みだと思います。

ケース会議の意義

実践をすすめていくうえで、ケース会議を行うことはとても重要な意味をもっています。ただし、日常業務が忙しい中でのケース会議だと、とにかく「今、困っている人」に対し、「明日からどうするのか」と早く答えを見つけようとする会議になりがちです。

『成人期障害者の発達と生きがい』（前出）にも登場しますが、理さんという仲間が、毎日のように大切な仕事の材料をばらまくという「困った行動」をしていたとき、班の職員はずいぶんと悩み、あれやこれやと援助を考えました。職員集団でのケース検討も行いました。実のところ、どう取り組むのかという指針がきっちり出たわけではなかったのですが、なぜかその後、理さんの「困った行動」はピタリと姿を消しました。会議で確かめ合ったことは、理さんが自身が、発達的にも、成人期を迎えるという生活年齢的にも、葛藤の多い時期にきているということでしたが、職員としては現象としての「困った行動」だけで理さんをみてしまっていたことに気づき、少し距離をおいて見つめ直すことになったようです。

このエピソードは何を教えてくれているのでしょうか。一つは、「困った行動」のとらえ方にかかわってです。人間の行動には必ず原因や背景があります。「問題行動」は発達要求のあらわれであるというのも、そうした行動の裏に必ず理由があるからです。しかし、だからといって、Aという原因がBという行動（結果）を引き起こすという、単純な図式で人の行動をとらえることは誤りです。「問題行動」を理解しようとするあまり、その原因探しに追い込まれると、かえって出口が見えなくなってしまいます。そして、そうしたとらえ方からは、「材料をばらまくのは悪いことだとわかっていないからで、悪いことだと伝えないといけない」といった、きわめて対症療法的な対応になりがちです。しかし、それでは「解決」しないことが多いのです。人の心や行動は、そんな単純な図式でなりたっているものではないからです。

もうひとつは、ケース会議によって、仲間と適度な距離をおくことができるということについてです。仲間と職員との閉じた関係の中で、「問題」がどんどん煮詰まっていくのは誰しも経験することです。人が、新たに芽生えた内的要求によって自分をつくりかえていくとき、あるいは周囲の状況を自分なりに受け止めながら自己復元力を発揮しようとするとき、窮屈な、閉じた人間関係のなかで、その力を発揮することはとても難しいのではないでしょうか。これは、親と子の関係でもよくみられることです。互いにとても距離が近く、深い愛情を感じる間柄であるからこそ、極端な場合には「敵」になりかねない状況に追い込まれてしまいます。障害が重い仲間たちも、けっして他者や環境によって変えられていくのではなく、他者に支えられながらも自分で自分の人格をつくりあげていくのであり、援助者には、そのことを信頼して見守ることのできる、適度な距離が求められるのだといえるでしょう。

「集団」という視点を忘れずに

そして、たとえ個人のことをとりあげるケース会議であっても、その仲間のことだけに目を向けるのではなく、常に集団との関係で仲間の姿を見つめ直す視点を、意識的にもつ必要があります。一見、集団に無関心に見える仲間こそ、集団のもつ雰囲気を敏感に感じ取っているということはよくあります。ある自閉症の仲間は、みんなが仕事をしている部屋にはけっして入らなかったのですが、新しい作業種になったときに、すっと入ってきて、今まで他の人たちがやっていた仕事の材料を部屋の隅からもってきてはじめたそうです。彼の場合には、集団そのものが苦手ということではなくて、みんなと同じことをしなければならない、この仕事をしなければならないという意図を感じたときに、足を踏み出せなかったのでしょう。他者の意図に対等にぶつかれるだけの自分の意図をつくれないことが、集団をしんどいものにしていたのだと思います。しかし、他者からの押しつけではない自分なりの意図をつくって行動できるときには、集団の中にも自分の居場所を見出すことが可能になったようです。

また、一対一対応が必要だといわれるような介助度の高さや困難な仲間ほど、担当職員任せにするのではなく、職員集団としてみんなで考える姿勢が求められます。そうでないと、「厳しい職員体制の中で、自分が一対一でついているのだから何とかしなければならない」と一人で抱え込んだり、一人で悩んだりと、担当職員が職員集団の中で孤立してしまいます。福祉や教育をめぐる現状は、ともするとそれにたずさわる者たちがバラバラに孤立させせられてしまいかねない状況になっています。歪んだ「評価」や競争主義が、福祉労働の世界にもどんどん入り込もうとしています。だからこそ、職員集団として、仲間一人ひとりのこと、実践のこと、地域のことについて語り合う場がとても重要な意味をもっているると言えるでしょう。

そして、そうしたケース会議や実践検討から見えてくる福祉制度の問題点を明らかにすると同時に、場合によっては、そこから新たな国民的要求を掘り起こし、新しい制度をつくりだしていく視点も大切にしていかなければなりません。

12 長い成人期だからこそ

あたりまえですが、成人期は長くつづきます。学校時代は、長くても三年くらいのスパンで実践がつくられていきます。集団や日課、活動内容が大きく変わるとき、混乱や不安もともないますが、それが新たな自分づくりのエネルギーを引き出すこともあります。あるいは周囲の「もう高等部だね」「社会人だね」というまなざしは、障害の重い仲間たちにも敏感に響きます。

スパンの短さは、ときとして「もうあと三年しかないのだから」という焦りを生み出し、子どもたちを追い込むことにつながる場合もあります。それに比べると、成人期の実践はゆったりつくっていける「よさ」をもっています。学校時代は「荒れ」や「しんどさ」がめだっていた仲間が、作業所にきてから落ち着き、今までにない発達的変化をみせることもよくあります。思春期をのりこえおとなになった姿であると同時に、作業所でのシンプルな日課や、結論を急がない職員のかかわりが功を奏している場合もあるようです。

しかし、こうしたライフステージの長さは、いわゆるマンネリズムに結びつきやすい面をもっています。日々の実践は忙しく過ぎていくけれど、ふと一人ひとりの仲間に視点を移したときに、「もう五年もたったんや」「あっという間の一〇年やったなあ」とハッとすることがあります。そしてちょっと焦りを覚えます。こんなとき、「これからの五年、一〇年をどうつくっていくのか」を、地域や仲間の実態をふまえつつ、施設全体の実践の方向性として検討することが必要になります。他の作業所や他の地域での実践にも学び、「さあ、これからどうするか」を議論しますが、そういうときこそ、仲間に立ち返った検討、仲間の本当の要求は何かをつかみ直す検討が必要になります。

要求の掘り起こし

生活施設の「三島の郷」では、この間、〝意向調査〟として入所者一人ひとりとじっくり面接を行い、あらためて入所者の要求を掘り起こす取り組みをしたそうです。そこでみえてきた要求は、外出のあり方や食事内容、自動販売機の設置などに具体的に生かされていきました。

この〝意向調査〟は入所者全員に対して行われました。当然ながら、ことばでしっかりと語れる人はいろいろな要求を出すことが可能ですが、ことばをもたない仲間たちの要求は、周囲が代弁することになります。また、ことばで語れても、発達的に二、三歳ころの仲間たちの場合には、日々の生活の中で感じている「本当の要求」ではなく、その面接の「場」や、話す相手との関係に規定された答えになりがちです。したがって、この場合も、仲間の日々の生活をみつめ直すことでみえてくる要求を代弁することが必要になります。

今、福祉が大きな転換期を迎えていますが、そこでさかんに「利用者のニーズにこたえること」が叫ばれています。福祉はサービスであり、サービスとは利用者のニーズにこたえることという図式が成り立つからです。そこに、利用者のニーズを「的確」にとらえ、そのニーズに合ったサービスを「きれいに」パッケージ化して売り込む企業が入り込む余地がつくられていきます。しかし、ちょっと立ち止まって考えたいものです。「ニーズ」って何だろう、「ニーズ」をうまく語ることのできない人の声にも耳を傾けているだろうか、表に見える「ニーズ」だけに目を向けていないだろうか、「ニーズ」を狭いところに閉じこめていないだろうか、「ニーズ」を育てていけるような生活のあり方になっているだろうか、「ニーズ」の主人公である仲間自身の主体形成という視点をもちえているだろうか…。

実践記録を書く

こうした、真の「ニーズ」をつかみ、掘り起こしていくためには、仲間の内面や発達をみつめる視点が必要になるのですが、それは発達の本を読むだけではけっしてみえてきません。仲間の姿、自分たちの実践を対象化し、職員集団で語り合い、そして書きことばにすることが不可欠となります。書きことばにするという行為は、話すよりも、より意識的であることを求めます。何となくみえていたことを「いざ書こう」としても、ペンが止まってしまうことはよくあります。そして「何となくしかみていなかった」ことに気づかされます。

私は、発達診断の仕事もしますが、大学時代の指導教官から「一年に千人診ないと、一人前の発達診断はできません」と言われました。真面目な（？）私は、一年間に何ケース診たかを数えたこともありました。しかしやはり「量」の問題ではないのです。発達診断という限られた場でみられる行動の奥にあるものをつかみとり、かと言って、一つひとつの行動に目を奪われるのではなく「まるごと」とらえ、そして生活全体に想像力をめぐらせていくためには、自分なりのことばでていねいに記録をしていくことがとても大切なのです。

こうした日々の記録だけでなく、前述したように「五年」「一〇年」をふり返って書きことばにすることは、別の意味ももっています。成人期にある知的障害者の場合、変化はゆっくりであることが多く、一年、二年というスパンでは「何も変わっていない」、あるいはときに否定的な変化しかみえないこともあります。しかし、長い期間を振り返ると、確実に豊かさをはぐくんできており、否定的にしかみえなかった変化が、実は新しい発達要求の発現であることに気づかされることがあります。それは、次の実践を考える大切な契機になると同時に、職員集団全体の「財産」になっていきます。

ライフイベントを大切にする

こうして、長い目でふり返ったとき、どの人の人生にも、人生の転機となりうるライフイベントがあることに気づきます。職場や生活の場の変化、自分やきょうだいの結婚、病気、身近な人の死などです。甥っ子や姪っ子ができたとき、赤ちゃんのことを本当に誇らしげに語る仲間にもよく出会います。

滋賀県にあるあざみ寮の職員である石原繁野さんが書いた『あざみ織』（サンブライト出版、一九八四年）の中に、知的障害をもつ「一恵さん」が出てきます。短い文章ですが、施設での一恵さんの暮らしぶりが生き生きと伝わってきます。一恵さんは三三歳のときに心臓の大手術を受けます。そして、手術のあと、一恵さんの描く絵は大きく変わり、人間的にも豊かな広がりをみせるようになったとあります。手術の成功によって元気になったことが何よりも大きかったのですが、それだけではなく、心臓手術という大変なことを、一恵さんの人生にとって意味のあるライフイベントにしたのは、周囲の人たちの力だったのではないかと考えさせられます。

一恵さんが手術を受ける前日、担当の医師は一恵さんを診察室に呼んで正面から語ります。「一恵ちゃんの心臓には大きな穴が開いています。それをふさぐ手術です。手術をしたら元気になれます。何をしてもしんどくなくなるのです。手術は、ここからここまでを切ります（一恵ちゃんの胸に指で示されました）。しんどいけれど、二日間だけ、がまんしてください。先生も看護婦さんも一生懸命にしますから、一恵ちゃんもがんばってください」。インフォームドコンセントが言われるよりずっと前の話ですが、知的障害があるから家族や職員に説明して終わりではなく、本人にきちんと伝えることで、一恵さんの人格にきっと届くであろうという、その医師のことばに心を動かされます。そして、「病気だから手術を受ける」のではなくて、「私が元気になるために手術を受ける」という一恵さんの意思につながったからこそ、手術後、人間的に大きく成長する力になったと、石原さんは言います。仲間にとってのライフイベントの意味は、周囲の人たちによっても変わ

▶第二さつき障害者作業所にて

るのです。

職員の生活実感を大切に

障害をもつ仲間たちの生活において、何が大切なのかを私なりに考えてきました。実践をつくるうえで、発達や障害を理解し、仲間一人ひとりの内面やねがいを共有することが大切なのは言うまでもありません。しかし、発達や障害の学習を積み重ねるだけで、仲間たちの日々の生活を生き生きとさせる「いい実践」につながるわけではありません。

第1章で紹介したケイコさん。「働かざる者、喰うべからず」という価値観を強くもっているために、休日もゆっくり身体を休めることができません。しかし、〝日中ふとんを敷いて寝る〟ことは許せないけれど、「ホットカーペットつけておいたよ」というグループホームのキーパーさんの一言を受け止めて、少しゆったりできるようになりました。

また、京都の「重症心身障害者通所施設さわらびの家」では、成人式を迎えた重度重複障害の仲間に、どんな「ハレ」の日をつくろうかと、若い職員は悩んだそうです。そして、「自分は何がいちばんうれしかったか」を考えた結果、美容院に行って流行のカットをしてもらうことにしました。ある車いすの仲間はうつむき加減でいることも多く、自分から人間関係をつくっていくことに課題をもっていると考えられていましたが、それ以来、美容院やファッションショップに行くと、自分からシャッキリと顔をあげてニッコリと笑いかけます。おかげで、今はずいぶんとカラフルな髪になっているようです。

このグループホームのキーパーさんの一言や、若い職員の発想はどこから生まれたのでしょうか。これは、職員自身の生活から生まれる感性やセンスであると思うのです。職員自身の生活がカサカサ、ギスギスしたものになっていったとき、仲間にとって生き生きとした、うるおいのある生活をつくり出すことはできません。職員自身の生活感覚が希薄なところで、仲間に実感や手ごたえのある生活をつくることは難しいでしょう。これは、労働条件の問題でもあると同時に、自分たちの暮らしぶりを生き生きと語り合えるような職員集団の雰囲気が問われることでもあると思うのです。そして、こうした感性やセンスを実践に生かすのが、仲間たちの内面や発達要求をとらえる科学的なまなざしなのではないでしょうか。

おわりに

近畿各地の作業所や生活施設で、事例検討や実践検討を中心とした共同研究に参加するようになって一〇年以上がたちました。そこで、たくさんの仲間たちに出会い、たくさんの職員たちの実践と試行錯誤に学んできました。本書のもとになった『みんなのねがい』の連載、そして今回の本書も、そうしたみなさんとの共同作業の中から生まれたものです。心からお礼申し上げます。

養護学校義務制実施の年に生まれた人たちも、成人期を迎えました。成人期にある人たちの発達を描きだすことは、学校教育の意義をあらためて明らかにすることだとつよく感じます。

社会福祉基礎構造改革がすすみ、障害者福祉のしくみが支援費制度へと移行する時期も目前です。大きな制度「改革」であるだけに、ともすれば制度が変わることのみに目を奪われがちになるかもしれません。そうしたなかであるからこそ、いっそう仲間たちの真のねがいにまなざしを向けていかなければならないと思います。

最後に、写真で登場してくださった「南海香里のさと」のみなさん、連載と今回の編集でいつも励ましてくださった児嶋芳郎さん、中村尚子さんはじめ、全障研出版部のみなさんに感謝します。

全障研第三六回全国大会（神奈川）を前にして

白石恵理子

白石恵理子――しらいし・えりこ

1960年福井県生まれ。

1985年京都大学大学院大学院教育学研究科後期博士課程中退。大津市発達相談員などを経て、現在滋賀大学教育学部教授。

おもな著書 『教育と保育のための発達診断』(白石正久・白石恵理子編、全障研出版部)、青年・成人期の発達保障2『しなやかに したたかに 仲間と社会に向き合って』(全障研出版部)

一人ひとりが人生の主人公　青年・成人期の発達保障

2002年8月10日　初版第1刷発行
2018年5月10日　第7刷発行

著　者　白石恵理子

発行所　全国障害者問題研究会出版部
〒169-0051　東京都新宿区西早稲田2－15－10
西早稲田関口ビル4F
Tel.03(5285)2601　Fax.03(5285)2603
http://www.nginet.or.jp/

印刷所　株式会社光陽メディア

ISBN978-4-88134-081-3